© 2008 Vehling Medienservice und Verlag GmbH.

Bild und Text: Archiv Prof. Herbert Granditz

Herausgeber: Kleinkunstverein Graz

Verlag und Gesamtherstellung:
Vehling Medienservice und Verlag GmbH.
Conrad von Hötzendorfstrasse 121, A-8010 Graz

ISBN: 978-3-85333-153-8

Inhaltsverzeichnis

Vorwort 1
Meinungen 6
Selbstporträt 31
- Der Einstieg ins Profileben 42
- Das erste Engagement 42
- Die große Liebe-Der Jazz 45
- *Das BigBand Abenteuer* *45*
- Immer wieder „Kleines Brettl"! 49
- Zwischenzeiten 51
- *Die Teppichkeiler* *53*
- Der singende Polizist 55
- *Der Hausball* *56*
- Die Post und ich 57
- Bei den Westfalen 59
- *Eine Schnapsidee* *60*
- Die Rückkehr 62
- Am Cobenzl 63
Die 3 Lauser **66**
- Die Geburt 66
- *Im Cornelius* *66*
- Die erste Schallplatte 68
- *Das Begräbnis* *69*
- Kein „Kaas" am Kaasgraben 71
- Beim Fernsehen 73
- *Burschi und der kleine Gardeoffizier* *76*
- *Der verschwundene Kameramann* *76*
- Es läuft die Zeit im Sauseschritt 78
- *Das zweite Gesicht* *80*
- *Vorwiegend heiter* *81*

Inhaltsverzeichnis

- *Im Weinbottich*..*85*
- *Im Futtertrögl* *90*
- *Fisch..Bein*..*93*
- Kleine Galerie 95
- *Der einbeinige Pauli* *106*
- In der Olympiahalle in München 110
- *Pauli im Zwitscherstübchen* *111*
- *Checkpoint Charlie* *112*
- *Peter und der Schneemensch*..*112*
- *A Gaudi muass sein*..*116*
- *Die Torte* *120*
- *Vodoo in Rosenheim* *121*
- München. Weltstadt mit Herz 124
- Wieder daheim 127

   Die 3 Lauser Ahnengalerie..**129**
   Ein Traum wird wahr 137

- *Die Tänzerin* *138*
- *Café Erzherzog Johann*...*139*
- *Was für ein Tag* *143*
- *Auf der Kleinen Bühne*..*145*
- *Blödel sei der Mensch* *146*
- *AXIWIZINTHI*...*148*
- *Teufel und Engerl*..*149*
- *Ein neuer Weg*...*151*
- *Juli 2006* *159*

   Mein Bilderbuch..**162**
   Aus meinem Briefkasten **186**
   Meine Veröffentlichungen..**193**
   Mamy Blue (Der Zwetschkenbaum)................................**200**

Tabula Gratulatoria

Steiermärkische SPARKASSE
In jeder Beziehung zählen die Menschen.

BGS 8051 GRAZ **BGS – AWA** UMWELTTECHNIK GMBH www.bgs-awa.at

AS alpenschild gebell

PUNTIGAMER

Zum Mohrenwirt – echt steirisch, echt gut
Familie Schwinzerl
Mariahilferstrasse 16, 8020 Graz

 CAFE – PUB Ritter Stüberl RALF WELSCH — Neutorgasse 23, 8010 Graz

 brillentheo www.brillentheo.at — Landhausgasse 7, 8010 Graz

 Das neue STADT CAFÉ — Elisabeth und Helmut Hold, Neutorgasse 22, 8010 Graz

 SUMMA BÜRO EINRICHTUNG & EDV SERVICE GmbH — 1220 Wien • Hosnedlgasse 16, Telefon: +43-1-257 47 15 • Fax: +43-1-257 47 30, office@buero.summa.at • http://buero.summa.at

 Vehling — Medienservice und Verlag GmbH. Vehling Medienservice und Verlag GmbH. Conrad von Hötzendorfstrasse 121, 8010 Graz

 Was für ein Tag! Landhaus-Keller — Doris und Günther Huber

Günther und Doris Huber Ges.m.b.H., Schmiedgasse 9, 8010 Graz
Telefon: 0 316 / 83 02 76, Fax: DW 6
www.landhaus-keller.at, mahlzeit@landhaus-keller.at

  Der Kleinkunstverein Graz bedankt sich für die Unterstützung bei diesem Buchprojekt

Vorwort

von Prof. Kotauczek

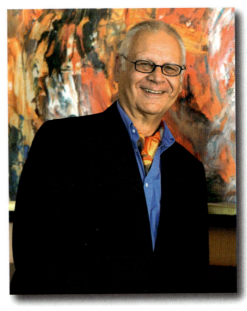

Herbert Granditz ist ein Vagant. Im besten Sinne des Wortes. Wie die Clerici vagantes im Mittelalter ist er ein Abtrünniger, Revoluzzer wider die Bürgerlichkeit und Bindeglied zu den Verlierern und Ausgestoßenen. Sein Herz gehört den heimlichen Philosophen unter den Trinkern und Huren genau so wie den Künstlern und Kellnern. Sein ewiger Krieg gilt den professionellen Besserwissern, Behörden und Hierarchien.

Und trotzdem: er schmückt sich recht gerne mit einem Professoren-Titel, obwohl man nicht immer weiß, ob er diesen eher als Spitznamen oder als Verweis auf seine tiefgründige Intelligenz bevorzugt. Manchmal hat man den Eindruck, er geniert sich dafür, klüger zu sein, als seine Fans es vermuten. Aber gleich wieder verfällt er in eine skurrile, kabarettistische Überheblichkeit, indem er alle Menschen als Trottel bezeichnet. Nicht immer zur reinen Freude seiner Mitmenschen, die gerade seinen Zorn erregen. Aber das hält nicht lange an.

Als typischer Renaissance-Mensch ist er ein Multitalent. Er malt, dichtet, singt und spielt als ob es um sein Leben ginge. Er kennt dabei keine Halbheiten. Da kann er ganz schön intolerant sein. Auch gegen sich selbst.

Seine heimliche Liebe gilt der Philosophie. Aber nicht der akademischen, die sich im Studium der Gedanken anderer erschöpft, um sie zu kritisieren und zu kommentieren, sondern in der ursprünglichen Form, die Kinder und Betrunkene so auszeichnet: in der kreativen, direkten Weltbetrachtung der kleinen und großen Dinge. Die großen Gedanken, die sich in banalsten Situationen finden. Meist aus der Perspektive Gescheiterer oder Scheiternder. Am Leben, an der Liebe, am Alkohol, an der Schönheit. Aber letztlich immer das Überleben Schaffender.

Das nimmt sein Publikum so mit, er kann sich mit den Figuren und Bildern, die Granditz ihm vorlegt, so herrlich identifizieren und sich trotzdem gleichzeitig darüber wohlig erhaben fühlen. Und die Leute merken dabei nicht einmal, wie nahe sie selbst an diese Karikaturen herankommen.

Als Vagant ist Granditz immer in Bewegung. Das muss nicht immer geografisch verstanden werden. In diesem Sinne ist er erstaunlich sesshaft. Fast täglich kreist er in seiner Grazer Welt der Beiseln und Gaststätten, wo er Hof hält wie ein kleiner Fürst. Nein, seine Beweglichkeit bezieht sich mehr auf seine Innenwelt. Es gibt kein geistiges Abenteuer, dem er ausweicht. Kein Thema, an dem er sich nicht gerne reibt und das er dann mit seinen gefürchteten Sprüchen würzt. Kein großer Name, der vor ihm sicher ist. Politiker, Künstler, Herren und Damen der sogenannten Gesellschaft, keiner entgeht seinem Spott. Als gummigesichtiger Volksschauspieler ist er dabei der beste Interpret seiner eigenen Texte, der es liebt, in die verschiedensten Rollen mehr oder weniger Prominenter zu schlüpfen und sie zu parodieren.

Ganz anders der Maler Granditz. Ein sensibler Künstler, der im Gegenständlichen zu fast naiven Tierbildern fähig ist und gleichzeitig abstrakte Landschaften mit ausdrucksstarken Farben expressiver Kraft erschafft. Sein Venedig-Zyklus zeigt aber auch den Romantiker mit dem Blick für das malerische Detail einer Stadt, die er so liebt und in die es ihn immer wieder zieht. Diese Seite zeigt auch, dass in dem Bürgerschreck heimlich ein liebenswerter altmodischer Mensch mit Sehnsucht nach Biedermeierlichkeit steckt.

Das Ränzel leicht,
der Beutel leer,
Das Herz doch übervoll
Schrieb der Dichter Julius Wolff (1834-1910) in seinem Lied „Der Vagant". Was könnte besser auf Herbert Granditz passen?

Ein Freund, ein Haberer, im ältesten Wiener Vorstadt-Sinne.
Peter Kotauczek
Professor, Humaninformatiker, Maler

DER BÜRGERMEISTER UND LANDESHAUPTMANN VON WIEN

Ein echter Wiener geht nicht unter – auch wenn er in das Wasser eines fremden Biotops stürzt – so geschehen mit Professor Herbert Granditz, der als geborenes Wienerkind in der Donaumetropole seine ersten Sporen als künstlerisches Multitalent verdiente, ehe es ihn vor bald vier Jahrzehnten in die steirische Landeshauptstadt verschlug. Die Wiener Lehrjahre im Kabarett und Fernsehen der 50er und 60er Jahre mit Größen von Gerhard Bronner bis Heinz Conrads haben ihn wohl so geprägt, dass die Karriere von Professor Granditz auch in Graz ihre unaufhaltsame Fortsetzung fand.

Auch wenn Herbert Granditz schon längst als Ehrensteirer gilt, ist er in seinem künstlerischen Herzen immer ein Sohn seiner Heimatstadt geblieben – gleichsam ein Botschafter der Wiener Volkskultur. Daher ist es mir Ehre und Verpflichtung zugleich, als Bürgermeister und Landeshauptmann von Wien Herrn Professor Herbert Granditz zu seinem 70. Geburtstag und seinem 50-jährigen Bühnenjubiläum zu gratulieren. Weiterhin viel Erfolg wünscht

Dr. Michael Häupl

Prof. Herbert Granditz
Heinrichstrasse 21
8010 Graz

Dr. Erwin Pröll
Landeshauptmann Niederösterreich

Kabarettist, Musiker, Maler – das Betätigungsfeld von Prof. Herbert Granditz ist so vielfältig und facettenreich wie seine Persönlichkeit. Mit seinen Talenten hat er im Laufe der Jahre vielen Menschen Freude bereitet, Spaß und Unterhaltung geboten, er hat sie begeistert und inspiriert. Umso mehr freut es mich, dass nun anlässlich seines 70. Geburtstages und seines 50-jährigen Bühnenjubiläums ihm selbst eine große Freude gemacht wird, in Form dieses schön gestalteten Buches. Eine oft heitere, zuweilen besinnliche Lebensgeschichte, die Einblick in das Wirken und Schaffen des vielfach begabten Künstlers gibt.

Viele persönliche Erinnerungen verbinden mich mit Herbert Granditz, und vieles verbindet Herbert Granditz mit unserem schönen Niederösterreich. Immer wieder haben ihn Lesungen, Ausstellungen und musikalische Auftritte in unser Bundesland geführt, und ich möchte nicht unerwähnt lassen, dass viele dieser Veranstaltungen auch Benefizveranstaltungen waren. Immer wieder sind wir dabei oder bei einem seiner vielen privaten Aufenthalte in Niederösterreich zusammen getroffen. Letztendlich hat Herbert Granditz in der Steiermark auch den Ruf eines „niederösterreichischen Weinbotschafters", hat er doch in vielen steirischen Gasthäusern den ‚Grünen Veltliner' aus Niederösterreich erfolgreich eingeführt.

Wenn Herbert Granditz nun seinen 70. Geburtstag feiert, wünsche ich ihm, dass er noch lange Zeit der beliebte und umtriebige Volkskünstler bleibt, der er ist, und noch viele Jahre so große Freude an seiner Tätigkeit findet. Ich freue mich, dass er nach wie vor seine enge Verbindung zu Niederösterreich hoch hält und hoffe auf noch viele Zusammentreffen – wir in Niederösterreich werden ihn stets mit offenen Armen empfangen!

Mag. Siegfried Nagl
Bürgermeister Graz

Beinahe alle seiner bislang 70 Lebensjahre nützt Herbert Granditz seine spitze Zunge nun schon, um abertausende Menschen mit seinem treffenden, aber nie verletzenden Schmäh zum Lachen, mitunter aber auch zum Nachdenken zu bringen. Der gebürtige Wiener hat in der steirischen Landeshauptstadt eine neue Heimat gefunden, weshalb er sich auch gern als Beutegrazer bezeichnet. Seine Kolumnen in der Steirerkrone sind legendär, die Gründung des Grazer Kleinkunstvereins geht auf ihn zurück. Aber nicht nur auf der Bühne und der Filmleinwand, sondern auch auf einer anderen Leinwand vermag der Jubilar zu reüssieren: Austellungen im In- und Ausland dokumentieren die Kunst des Malers Granditz.

Namens der Stadt Graz beglückwünsche ich Sie zu Ihrem runden Geburtstag, der in etwa in die Mitte Ihrer Schaffensperiode fällt.

Meinungen mit Hirn, Charme und Zitrone

Heinz „Honzo" Holecek
Kammersänger

„Für mich ist der Herbert der Inbegriff von natürlichem und gutem Schmäh. Dieser sitzt ihm in allen Gliedern. Er besitzt eine natürliche vis comica, aber nicht so viel, dass man ihn nicht als feschen Burschen bezeichnen könnte. Er serviert seine Pointen einfach meisterhaft. Das ist deshalb so, weil er ein intelligenter Bursche ist und die Welt durchschaut. Als wir uns beim Heurigen Wolff in Neustift am Walde kennengelernt haben, war der Herbert eine Berühmtheit in Wien. Er hat an diesem Abend gesungen „… ein Glück, dass man sich so betrinken kann", und das hat mir sehr gefallen. Der Herbert ist ein wienerisches Urgestein, ein Urviech im edelsten Sinn. Er gibt nicht nur Dinge weiter, sondern er ist ein kreativer, ja schöpferischer Mann. Seine Kreativität scheint keine Grenzen zu kennen. Zuerst die Musik; dann schreibt er für sich selbst und andere. Er malt und steht als Kabarettist auf der Bühne. Er ist ein tapferer Kämpfer in einer gehobenen Kleinkunstsparte, der mir mit seinem Schmäh größte Bewunderung abringt. Denn das bedeutet für den Künstler dauernd tapfer zu sein und niemals nachzugeben. Max Reinhardt hat sinngemäß gesagt, ein echter Schauspieler solle seine Kindheit unter den Arm nehmen und sich aus dem Staube machen. Und das ist was wir beide vorhaben."

Granditz:
„Über „Vermittlung" des Gottes Bacchus bin ich seit cirka 35 Jahren mit Honzo verbunden. Ich bewundere ihn als Sänger und beneide ihn total um seine Fähigkeit, andere Menschen per Stimme und Habitus zu parodieren."

Mit Hirn, Charme und Zitrone Meinungen

Prof. Karl Hodina
Maler, Komponist, Texter und Akkordeonvirtuose

„Ich kenn ihn schon seit 50 Jahren und habe immer seinen Mutterwitz bewundert, er ist einfach genial.
Was mir bei ihm, diesem großen und geschätzten Künstler so gefällt, ist sein politischer Scharfsinn und seine Vitalität. Der Herbert besitzt Handschlag-Qualität.
Er ist unverwechselbar als Perfektionist im guten Sinn und äfft niemanden nach. Um es wienerisch zu sagen: „...der Herbert is anfoch leiwaund!"
Dieser von mir so sehr bewunderte Freund kann freilich auch recht unbequem sein, wenn es um Gerechtigkeit geht.
Der Schlüssel in der Kunst liegt aber darin, diese für sich selbst zu machen. Und da spielt er sich selbst – da ist sich Herbert Granditz immer treu geblieben."

Granditz:
Karl Hodinas Schaffen als Maler und Musiker bedeutet einfach Genialität im Paarlauf. Darüber hinaus gibt es nichts mehr. Mit ihm zu arbeiten und sein Freund zu sein macht mich mehr als stolz."

Meinungen mit Hirn, Charme und Zitrone

Peter Peters
Gitarrist, Komponist und Kabarettist

„Als wir vor 60 Jahren im Wiener Esterhazypark Fußball gespielt haben, war er der Große und der ist er für mich immer geblieben. Sein Schmäh, seine lockere Einstellung gegenüber Ämtern und bürokratischen Wichtigmachern, sowie Mahnern mit erhobenem Zeigefinger, zeigt eine Freiheit und Unbekümmertheit, die beneidens- und bewundernswert ist, weil er dabei aber nie seine Pflichten vergessen hat. In unserer Familie hieß der Herbert ja auch nicht Herbert, sondern "Melwugi", und das kam so: Nach dem Krieg war alles, was amerikanisch war, großartig und erstrebenswert. Kaugummi, Jeans, Ami-Schlitten, u.s.w. Und so geschah es, dass Herbert den Entschluss fasste, in die USA auszuwandern. Und zwar nach Milwaukee in Wisconsin. Meine Mutter sprach nur schlecht Englisch und dementsprechend war auch ihre Aussprache. So wurde aus ‚Milwaukee' eben ‚Melwugi'. Viele Jahre später waren wir Jahre hindurch durch unsere gemeinsame Bühnenarbeit eng verbunden. Es war eine großartige Zeit! Ich wünsche dem Herbert weiterhin viel Kraft und Ausdauer. Ich bin stolz, mich zu seinen Freunden zählen zu dürfen."

Granditz:
„Als Gitarrist ein Spitzenmann. Alles, was in den Bereich seiner musikalischen Tätigkeit fällt, macht er hervorragend. Außerdem ist er einer der letzten Vertreter des Wiener Heurigenkabaretts. Und vor allem ist Peter Peters der Mensch, der meinem Leben eine entscheidende Wende gegeben hat!"

Mit Hirn, Charme und Zitrone Meinungen

Günther Fuchs
Kommerzialrat, Cafétier und Bezirkspolitiker

„Ich kenn den Herbert schon aus der Zeit der Ur-Lauser. Wir haben uns damals, wie auch heute noch, beim Heurigen Wolff, seiner Wiener Zweitwohnung, nicht weit vom „Landhaus Fuhrgassl-Huber", wo er ja tatsächlich wohnt, getroffen. Ich war seit jeher ein Fan von ihm und bewundere ihn auch als Maler. Besonders in der Hinterglastechnik. Er hat ja immer die unglaublichsten Einfälle. Einer davon war so schockierend, dass er mich an den Rand eines Herzinfarktes brachte. Anlässlich des zehnjährigen Bestehens meines Lokales in Döbling hatte er mir versprochen, bei mir aufzutreten. Es hatte sich ungeheuer viel Prominenz angesagt und ich war dementsprechend angespannt. Am Vorabend der Veranstaltung tauchte Herbert mit einem dick eingebundenen Arm im Lokal auf und beteuerte glaubhaft, wegen seiner Verletzung am folgenden Tag nicht auftreten zu können. Natürlich war ich mit den Nerven am Ende. Absagen konnte ich nicht und guter Rat war teuer. Er versuchte mich zu trösten und verlangte einen Calvados gegen seine Schmerzen. Nachdem auch ich mir einen solchen gegen meinen Kummer genehmigt hatte, der aber auch keinen Erfolg zeigte, zerflossen wir in Verzweiflung und hatten bald einen ordentlichen „Apfelbaum" gepflanzt. Und plötzlich wickelte sich Granderl den Verband vom Arm und sagte einfach: „Du brauchst di net so aufreg'n, war jo alles nur a Schmäh!" So ist der blöde Hund, und so mag ich ihn."

Granditz: „Als Gastronom Spitze und als Freund noch mehr. Einen besseren Freund kann ich mir kaum vorstellen. Er ist einer jener Menschen, die ich besonders vermisse, seit ich von Wien weggegangen bin. Er ist ein Energiebündel mit unglaublichem Herz und ebensolchen Humor. Man muss ihn einfach gern haben – und das tue ich sehr!"

Meinungen mit Hirn, Charme und Zitrone

Prof. Sepp Kern
Hotelier und Chef der berühmten „Kern Buam"

„Verschiedene Epochen kenn ich den Herbert schon. Wir erfreuen uns gegenseitiger Wertschätzung. Er ist mein Freund und ich bin der Seine. Wir waren oft kritisch gegenüber anderen und immer derselben Meinung. Granditz ist für mich der absolute Top-Mann und ich weiß, was ich sage. Schließlich habe ich mit ihm gearbeitet als wir uns gemeinsam auf Tournee befanden.

Das Wort „Gummigesicht" habe ich ihm verpasst. Granditz kann Grimassen schneiden, wie kein anderer. Er unterstützt jeden Schmäh mit seinem Gesichtsausdruck und verstärkt dadurch die Pointe. Herbert Granditz ist ein Mann, der die Situation und Bewegung im Publikum blitzartig erkennt und für seinen Witz ausnützt. Er versteht es, auf das Publikum sofort einzugehen und löst dadurch unvorhersehbare Lachstürme aus. In Österreich gibt es wenige, die Figuren so verkörpern können wie er. Ich denke, da vor allem an die sensationelle Nummer „der Zwetschkenbam". Herbert Granditz ist ein Unikat in seiner Branche! Ich wünsche ihm weiterhin viel Erfolg und uns, dass uns seine humoristische und schauspielerische Tätigkeit noch lange erhalten bleibt."

Granditz:
„Er ist die Hauptschlagader der Steirischen Folklore mit unerreichbarer Originalität. Mit seinen „Buam" zeigt er allen, was echte Volksmusik ist und degradiert die unzähligen „Pseudofolkloristen" zu Statisten. Weiteres über diesen Mann zu sagen, erscheint mir müßig."

Mit Hirn, Charme und Zitrone Meinungen

Alexander Grill
Schauspieler und Regisseur (Josefstadt- Burg- Schauspielhaus Köln)

„Was mich mit dem Herbert so verbindet, ist der Umstand, dass wir beide ähnlich denken und handeln. Es bestehen da viele Verbindungslinien und es handelt sich dabei um eine der seltenen Freundschaften und Seelenverwandtschaften, die nicht alltäglich sind. Dabei schätze ich bei diesem Multitalent unter anderem seine große musische Ader; sein literarisches Schaffen mit vielfältigen Facetten. Ich habe alle seine Bücher gelesen. In Anlehnung an William Shakespeare möchte ich festhalten: Was du nicht mit Lust tust, gedeiht dir nicht. Herbert Granditz hat immer alles mit Lust und Freude getan."

Granditz:
„Xandi ist ein Mensch mit unglaublichem Charisma. Er ist auf der Bühne in jeder Rolle einfach DER, den er darstellt. Seine liberale Denkart und wie er diese anderen vermittelt, fasziniert mich immer wieder."

Meinungen mit Hirn, Charme und Zitrone

Mag. Heimo Puschnigg
Pianist und Professor an der Kunstuniversität

„Das Schauspielerische, etwa in unserem Programm „Kabale und Hiebe", ist seine Stärke. Wenn er beispielsweise als Sandler die Bühne betritt, lachen die Leute schon, bevor er noch ein Wort gesprochen hat. Ich schätze seine Lockerheit und seinen Schmäh. Auf der anderen Seite ist er ein sehr ernster Arbeiter. Ein neues Programm auf die „Bretter" zu bringen, erfordert unglaublich viel Arbeit und wir proben jeden Tag. Die Dauer hängt dabei vom Umstand ab, wie geduldig wir sind. Mit dem Herbert zu proben, ist nicht immer leicht, weil ihm mitunter der Kragen platzt. Der geduldigste ist er ja nicht gerade. Gott sei Dank ist er immer nur auf sich selbst böse. Sein Ärger über sich selbst ist aber unnötig, weil es mir als musikalischen Leiter immer wieder gelingt, ihn zu beruhigen."

Granditz:
„Ja, ja, der Heimo. Im Tierreich würde er zur Gruppe der „Samtpfoten" gehören, so huscht er über die Tasten. Ich kann mir gar keinen besseren Begleiter vorstellen. Außerdem ist er der ruhende Pol von uns beiden, was eine sehr gute Zusammenarbeit zur Folge hat. Aus Dankbarkeit werde ich auch in Zukunft immer ein oder zwei Prosanummern für mich schreiben, damit der musikalische „Direktor" Puschnigg währenddessen in der Garderobe rauchen kann."

Mit Hirn, Charme und Zitrone Meinungen

Herbert Haiden
Tontechniker und Schlagzeuger

„Wir kennen uns seit 17 Jahren und arbeiten seither zusammen.
Wir sind eine kleine Familie, in der er wie ein Vater agiert: Mit ihm gehen wir durch Dick und Dünn. Mit ihm zu arbeiten, wurde für mich zum Hobby und die Freundschaft zu ihm ist für mich ein Erlebnis. Eines seiner Markenzeichen ist seine Tierliebe.
Man weiß ja, wenn man Tiere reizt, können die böse werden; das gilt auch für Herbert.
Was mir an ihm so gefällt, ist sein Schmähführen und was ich als bewundernswert betrachte, ist, wie er sich seine Texte merkt; er hat ein phänomenales Gedächtnis."

Granditz:
„Er setzt mich ins „rechte Licht" und sorgt für meinen guten Ton und das bereits seit einer Ewigkeit. Er bringt mich zwar hin und wieder auf die Palme, hat aber eine positive Einstellung zur Arbeit, wie man sie heutzutage kaum noch findet. Ein sehr guter Schlagzeuger, der, wenn er üben würde, noch besser sein könnte."

Meinungen Mit Hirn, Charme und Zitrone

Alex Kaniuk
Inspizient und Requisite

„Herbert Granditz kenn ich seit mehr als 30 Jahren, als er noch mit den ‚3 Lausern' in Eggenberg aufgetreten ist. Im Laufe der Jahre hat sich dann eine echte Freundschaft entwickelt – mit ihm kann man wirklich Pferde stehlen gehen. Seine Pedanterie kommt dem Erfolg des Kabaretts zugute. Bei den Proben muss alles funktionieren, alles hinhauen, sonst fliegen die Funken. Wenn der Theaterdonner verflogen ist, ist er aber wieder der alte Grandi."

Granditz:
„An Alex schätze ich in erster Linie seine absolute Verlässlichkeit und Pünktlichkeit. In der Garderobe arbeitet er akribisch genau und schnell. Als Inspizient ist er streng zu uns und daher ein Ungustl, soll aber so bleiben."

Mit Hirn, Charme und Zitrone Meinungen

Prof. Helmut Kies
Als Maler einer der renommiertesten Vertreter der Wiener Schule des „Phantastischen Realismus"

„Granditz ist einer der liebenswertesten Künstler, die ich kenne. Ich freue mich jedes Mal, wenn ich ihn treffe. Zu seinem Geburtstag wäre zu sagen, dass er noch ein junger Bub ist – aber wir altern in gemeinsamer Anerkennung. Zu seiner Kunst: Es gibt wenige Leute, über die ich so gelacht habe wie über ihn. Er braucht nur den Mundwinkel zu verziehen oder die Augenbrauen zu heben und schon lachen die Leute. Es ist ein echter Komiker. Wenn ich mit ihm durch die Stadt gehe, dann ist das jedes Mal ein Spießrutenlauf, weil er dauernd angesprochen wird; er kann in einem Lokal nicht einmal in Ruhe ein Bier trinken. In der Malerei ist er geradezu unheimlich begabt. Ich denke dabei unter anderem an seine wunderschönen Katzenbilder. Ich muss das wissen, denn er hat mir seinerzeit ein Original geschenkt."

Granditz:
„Was soll ich mir herausnehmen über einen Mann zu reden, der schon zu Lebzeiten in der Albertina hängt. Schlicht und einfach – ich bewundere ihn."

Meinungen mit Hirn, Charme und Zitrone

Prof. Kurt Jungwirth
**Präsident des Steirischen Herbstes,
ehemaliger Kulturlandesrat und Landeshauptmann Stellvertreter**

„Was macht eigentlich Herbert Granditz? Nun, komische Texte erfinden und lustige Melodien zusammenbauen. Darüber hinaus kann er mit Text und Melodie stundenlang solo auf der Bühne stehen. Improvisieren, grimassieren, amüsieren. Gleichsam nebenbei schreibt er ganze Bücher und schon wiederum „nebenbei" musiziert der Vielseitige. Malt obendrein Bilder und bevorzugt dabei Aquarell, Acryl und Hinterglastechnik. Wie geht denn das alles? Das geht nur mit Humor!"

Granditz:
„Er ist ein unglaublich intelligenter und integrer Mann, der weiß worum es geht. Wenn ich die heutige Kulturpolitik betrachte, kann ich nur sagen: „Schade, dass es nur einen Jungwirth gibt. Das Land und vor allem die Künstler würden mehrere Jungwirths brauchen."

Mit Hirn, Charme und Zitrone Meinungen

Helmut Reinberger
Musiker, Sänger, Kabarettist und Autor – „Altspitzbub"

„Wir kennen uns aus der ‚3 Lauser' Zeit und sind gut befreundet. Leider sehen wir uns relativ selten, weil ja Herbert in Graz lebt und ich in Wien. Da leidet natürlich das gemeinsame Schmähführen. Ich schätze ihn natürlich sehr. Denn er ist sehr unterhaltsam, spontan und einfach lustig und versteht es glänzend, das Publikum zu amüsieren. Klar, dass er deshalb erfolgreich ist. Er gefällt mir auch als Maler hervorragend. Er hat mir sogar einige seiner Bilder geschenkt."

Granditz:
„Helmut ist als der Letzte der berühmten „3 Spitzbuben" eine lebende Legende. Er ist die alleinige ‚Nummer Eins' als Parodienschreiber, und gepaart mit seiner Musikalität kann ihn niemand in diesem Genre erreichen. Ich bin sein Fan und kann Tränen über seinen trockenen Schmäh lachen, wenn wir beim Heurigen sitzen und ich empfinde es als wunderbar, mit ihm befreundet zu sein.

Meinungen mit Hirn, Charme und Zitrone

Günther Huber
Landhaus-Keller-Chef und Edelgastronom

„Seit 15 Jahren deckt der Herbert die Kultur im Landhaus-Keller ab. Er avancierte gleichsam zu einem Teil des Hauses und ist somit zum internen Kulturminister geworden, Er wuchs uns als loyaler Freund ans Herz und ist wie ein älterer Bruder geworden. Ich habe seine Entwicklung verfolgt und es wurde uns bewusst, welch wertvoller Mensch der Herbert ist.

Zu seiner Kunst: Er ist in der Lage, über seine Mimik sehr viel auszudrücken und dies zusätzlich durch seinen Umgang mit der Sprache noch zu verstärken. Als Maler, Texter, Buchautor und Kabarettist genießt er verdientermaßen Ansehen und Erfolg. Für mich strahlt er eine Agilität aus, die seinem Alter gar nicht entspricht. Er besitzt einen jugendlichen Elan und Übermut, der vielen 20-jährigen fehlt. Ich freue mich über die Kombination von Kultur und Kulinarik, die den Landhaus- Keller unverwechselbar macht. Darum wünsche ich dem Jubilar noch viele gemeinsame, schöpferische Jahre."

Granditz:
„Günther Huber hat mir ein kabarettistisches Dach über dem Kopf gegeben, wofür ich sehr dankbar bin. Durch die positive Einstellung des Ehepaares Huber zu Kunst und Kultur profitiert auch noch der Kleinkunstverein davon. Am meisten aber freue ich mich über die tiefe und herzliche Freundschaft, die sich im Laufe der Jahre zwischen Familie Huber und mir entwickelt hat. Ich erinnere mich außerdem noch sehr gut an die „Vor-Huber-Zeit" des Landhauskellers und weiß daher: Günther Huber ist der gastronomische „Stararchitekt" dieses Hauses und das Beste, was dem Landhauskeller (und dadurch mir) passieren konnte.

Mit Hirn, Charme und Zitrone Meinungen

Peter Uray
Schauspieler

„Meine erste Begegnung mit Herbert Granditz erfolgte 1976 in Graz Eggenberg. Was damals geboten wurde, war köstlich wenngleich zum Teil leicht deftig. Das Hervorragendste an ihm ist das Bodenständige, das Urwüchsige und natürlich sein Wiener Schmäh. Da befindet er sich in guter Tradition mit Wiener Kabarettisten, die nicht ganz so politisch sind.
Zu seiner Malerei darf ich feststellen: Vom Handwerklichen sind seine Arbeiten toll! Granditz hat bei so manchem Widerspruch so viel Zuspruch erfahren, dass man ruhig sagen kann: Er ist wer!"

Granditz:
„Zu meinem Leidwesen bin ich nur ein Mal mit Peter auf der Bühne gestanden. Das war 1978 beim Projekt „Steirisches Fernsehen". Es wäre schon schön, käme es wieder einmal dazu. Ich schätze ihn nicht nur als hervorragenden Schauspieler, sondern auch, ebenso wie ich, als Freund des „Grünen Veltliners".

Meinungen mit Hirn, Charme und Zitrone

Ernst Prassel
Kammerschauspieler

„Ich bin froh, dass es ihn gibt. Der Herbert ist eine starke Persönlichkeit und es ist bewundernswert, wie er die nicht ganz leichten 70 Jahre seines Lebens mit Bravour und Humor hinter sich gebracht hat. Im Unterschied zu allen Kabarettisten, die ich kenne, bekam ich als einziger ein Bild von ihm und das hängt bei mir. Wir werden gemeinsam ein Programm gestalten und es einmal gemeinsam auf das Publikum loslassen. Der Gedanke lebt – der Wille lebt. Noch etwas zum Herbert: Er besitzt eine gut gehende „Grimassenschneiderei", die ihn noch viele Jahre ernähren soll. Dafür wünsche ich ihm toi, toi, toi für die Ewigkeit. In diesem Sinn mit dicken Umarmungen – Dein Ernstl

Granditz:
„Ich bewundere ihn als einen der facettenreichsten Schauspieler, die ich die Ehre habe zu kennen. Er kann einfach alles spielen, es erfüllt mich mit Stolz, dass er sich nicht davor scheut, einmal mit mir die „Bretter" zu betreten. Der Wille gilt fürs Werk, heißt es so schön. Aber immerhin bin ich ja erst 70."

mit Hirn, Charme und Zitrone Meinungen

Big Otto Wanz
Catcher-Weltmeister und
Weltmeister im Telefonbuch-Zerreißen

Wenn wir einander treffen, dann ist das jedes Mal eine große Freude. Mit seinem lockern Schmäh gibt es immer eine Gaude. Ich schmier ihm keinen Honig ums Maul. Für mich hat er einen besonderen Status erreicht, daher gehe ich schon mit einer besonderen Einstellung zu ihm. Allein schon, wenn ich in den Landhaus-Keller gehe, muss ich schon auf der Stiege lachen, weil ich weiß, irgendetwas kommt wieder auf mich zu. Das ist das Markenzeichen von Herbert Granditz. So wie er ist, so wollen wir ihn haben. Sollte er aber so dumm sein und sich jetzt noch ändern, dann ist er nicht mehr Herbert Granditz.
Freilich hat er aber auch schon schlechtere Zeiten hinter sich. Für mich gilt er aber als Mann, der stets mit beiden Beinen im Leben stand. Schwierigkeiten hat er mit der ihm eigenen Art weggeräumt, obwohl er es manchmal leichter hätte haben können. Nur, der Herbert hat sich immer für den geraden Weg entschlossen. Ich wünsche dem Junggebliebenen noch viele Jahre, damit wir alle noch viel Spaß haben."

Granditz:
„Über den Otto trau ich mich nichts Schlechtes sagen, weil er ja immerhin ein bisserl stärker ist als ich. Allerdings, wenn ich einen guten Tag erwische, kommt er durch meinen starken rechten Haken schon manchmal in arge Bedrängnis. Was das Schmähführen betrifft, muss ich zugeben, dass er mir zumindest ebenbürtig ist, wenn nicht besser. Er ist eben ein wahrer „Champ" und ich steh sehr auf ihn. Nicht als Frau, da wäre er mir zu korpulent!"

Meinungen mit Hirn, Charme und Zitrone

Peter Tabar
Musiker, Komponist und Entertainer

„Ich weiß nicht mehr ganz genau, wann ich ihn zum ersten Mal getroffen habe. Doch bereits damals konnte ich mich der Faszination, die von diesem Mann ausging nur schwer entziehen. Ich war seinerzeit gerade mit Mandy von den „Bambis" weltweit unterwegs und Wien und die „3 Lauser" waren weit weg. Als er einen Akkordeonisten suchte und mich anrief, lernte ich eine der unzähligen Facetten von Herbert kennen. Nämlich die Zielstrebigkeit und Konsequenz beim Ausführen scheinbar unlösbarer Aufgaben. Bei den ersten Proben mit ihm gab es viele Gelegenheiten, sich näher kennenzulernen. Und dies war auch der Auftakt zu einer langjährigen und trotz räumlicher Getrenntheit immer noch andauernde Zusammenarbeit. Ich habe großen Respekt vor meinem Freund, dem „Herrn Professor" (ein Titel, der ihm wegen seiner absoluten Professionalität uneingeschränkt zusteht), diesem Multitalent mit der Kraft und Energie eines Mannes in den besten Jahren. Es ist unglaublich, wie er noch immer nach neuen Herausforderungen sucht und trotzdem dabei noch Zeit findet, mit seinen Freunden die angenehmen Seiten des Lebens zu genießen. Die von ihm ausgehende faszinierende Ausstrahlung ist unverändert und ich bin fest davon überzeugt, dass dies alles auf einer absolut positiven Lebenseinstellung, gepaart mit hoher Sensibilität, beruht. In Wien würde man sagen: „Er hat ein riesen Herz. Wem es gelingt, ihn wirklich zu kennen und verstehen zu lernen, der muss ihn ganz einfach furchtbar gern haben."

Granditz:
„Peter ist, wenn auch nicht in Permanenz, so doch seit bereits 31 Jahren mein musikalischer „Ehepartner". Als kreativer und ausübender Künstler ist er genial und von hoher Intelligenz. Er ist ein großzügiger und herzensguter Mensch, dessen Verstandeskräfte von seinen Gefühlen stark beeinflusst werden, so dass er sich im privaten Bereich mit Problemen herumschlagen muss, die er nicht verdient hat. Wir beide werden aber unseren gemeinsamen Weg noch lange gehen, das wünsche zumindest ICH mir."

Mit Hirn, Charme und Zitrone Meinungen

„Der Steiner Franz"
(Das ist mein Prädikat und nicht Prof. Franz Steiner)

„Ich schätze den alten Herbert schon aus dem Grund, weil er der einzige Mensch auf dieser Welt ist, der zur mir „Franzi" sagt. Wieviele irdische Musen ihn in seinem bisherigen Leben wirklich geküsst haben, verschweigt er ja taktvoll. Ein intimes, posthumes Verhältnis mit der lustbetonten Thalia, der musikantischen Polyhymnia und der redegewaltigen Kalliope, kann er wohl nicht abstreiten. Urwienerischer Schmäh, Kernöl und Schilcher haben den Komödianten mit dem ersessenen steirischen Heimatrecht zu einer unverwechselbaren Persönlichkeit reifen lassen. Bei ihm werden Stresshormone abgebaut und durch Glückshormone ersetzt. Selbst gegen Verstopfung und andere Schmerzen hilft es, wenn er die Leute zum Lachen bringt. Denkende Zuhörer, die bei seinen Darbietungen die Pointen in ihrem Gehirn zu erfassen wissen, geraten geradezu in einen Zustand der Euphorie. Was ich sonst noch an ihm schätze? Die an ein anatomisches Wunder grenzenden, gummiartigen Verrenkungen seiner Gesichtsmuskulatur, das grimmige Augenrollen, die hundertprozentige Professionalität und die Gabe, auch im Alter noch lange, neue Texte in den Ganglien zu speichern. Ad multos, lieber Freund! Dein auch schon überwuzelter „Franzi".

Granditz:
„Ich habe mit dem „Steiner Franz", vulgo Professor Franz Steiner, also dem „Franzi" einiges im Hörfunk gemacht, aber nur eine Fernsehsendung. Dabei möchte ich betonen, dass es stets eine sehr gedeihliche Zusammenarbeit war; wobei das Wort Arbeit durch die Professionalität vom „Franzi" zum Wort Vergnügen mutierte. Es ist schon mehr als schade, dass solche Könner wie er, dem ORF verloren gehen."

Meinungen mit Hirn, Charme und Zitrone

Herberth Bugkel
Musiker und „Ur-Lauser"

„Ich kenne Herbert seit mehr als 40 Jahren. Also noch vor der Zeit, als wir mit Peter Peters die „3 Lauser" gründeten. Unsere räumliche Trennung war nie ein Hindernis für unsere Freundschaft. Trotz seiner künstlerischen Erfolge als Kabarettist, Autor oder Maler etc....,ist er immer der „Herbie" geblieben. Er ist ein Mensch, der immer zu seinem Wort steht und ich bin stolz darauf auch noch nach so vielen Jahren zu seinen engsten Freunden zu zählen. Zu seinem Geburtstag wünsche ich ihm weiterhin viele gute Einfälle für noch dutzende Programme und noch viele Vorstellungen."

Granditz:
„Er ist ein ausgezeichneter Musiker und einer der liebsten Kollegen, mit denen ich zusammengespielt habe. Wenn Peter Peters und ich aus Übermut manchmal Gefahr liefen unkontrolliert zu werden, lautete sein Spruch: „Hörts auf, mir schaden uns sölber!" In Wirklichkeit haben wir uns ja nie geschadet und heute tun wir das schon gar nicht mehr. Das Schöne an unserer Freundschaft ist, dass wenn wir ins nach längerer Zeit wieder treffen, es mir vorkommt, als wäre es erst ein oder zwei Tage her."

Mit Hirn, Charme und Zitrone Meinungen

Ulli Fessl
Schauspielerin am Wiener Burgtheater

„Meine herzliche Bekanntschaft mit Herbert Granditz ist noch ziemlich jung. Vor etwa einem Jahr lernte ich ihn (endlich) persönlich kennen und zwar bei einem Vortragsnachmittag auf der Burg Hartenstein im Waldviertel. Ich war so begeistert von ihm, dass ich ihm bis zu einer Vorstellung nach Graz folgte. Es war danach ein ebenso lustiger Abend, der im Landhauskeller etwas länger gefeiert wurde. Da wir in manchen Gedankengängen auf einer Welle schwimmen, schicken wir uns seither unsere geistigen Ergüsse in Form von CDs zu. Auf seine neues Buch freue ich mich schon sehr."

Granditz:
„Als ich anlässlich unserer ersten Begegnung erfuhr, dass sie im Publikum anwesend sein würde, hatte ich die Hosen ziemlich gestrichen voll. Im Stillen dachte ich mir: „Na, servas, a Burgschauspülerin, und no dazua die Ulli Fessl." Ich ließ mir das zwar nicht so anmerken, erinnere mich aber noch haargenau daran, was ich zu ihr sagte, als ich ihr vorgestellt wurde: „ Liebe gnädige Frau! Wenn ich schon vorher gewusst hätte, dass Sie heute hier sind, wäre ICH schon fort gewesen!" Sie ist aber mehr als eine liebe gnädige Frau, sie ist eine ganz tolle liebe gnädige Frau und ich verehre sie sehr!"

Meinungen mit Hirn, Charme und Zitrone

Erich Müller
Gastronom

„Wir haben uns 1972 kennen gelernt und sind Freunde geworden. Beeindruckend für mich ist seine Vielseitigkeit als Künstler. Trotz seiner Erfolge ist er der Alte geblieben. Ich hoffe, dass wir gemeinsam noch viele nette Stunden erleben und dabei ein gutes Glas Wein genießen können. Er bleibt für mich das, was er schon immer war: ein herzlicher Mensch und guter Freund."

Granditz:
Ja, ja, mein Freund Erich. Immerhin Freund aus meinen Anfängen in Graz. Dadurch hat er sich ein gewisses Gewohnheitsrecht auf den Begriff „Freund" erworben, denn: Ich habe mir nämlich die Umsätze, welche ich in seinen gastronomischen Betrieben durch meine Konsumation gemacht habe, quasi eine „Gastro-Rente" einbezahlt, und mir dadurch das Recht auf täglich ein warmes Süppchen und ein Gnadenachterl erworben, für den Fall, dass es mir einmal sehr schlecht ginge. Als es dann leider so weit war und ich mein mir zustehendes Deputat in Anspruch nehmen wollte, hat er mir dieses „Gnaden-Menu" verweigert und lieber sein Lokal geschlossen, als mir diese mir zustehende Gnade zu erweisen. Das ist mein lieber Freund Erich, das sollte man wissen. Zu seinem Glück erhalte ich meine Suppe (hm) jetzt im Landhauskeller und er bleibt somit weiterhin mein Freund."

Mit Hirn, Charme und Zitrone Meinungen

Prof. Mag. Toni Maier
Startrompeter und Direktor des Steiermärkischen Landeskonservatoriums

„Wenn Menschen mit einer so großen Begabung ausgestattet sind wie Herbert Granditz, dann bereitet es einem jedes Mal große Freude, eine, sein Schaffen betreffende Veranstaltung, zu besuchen. Sein sensibler Umgang mit Wort, Gestik und Musik, wird von ihm in einer Art und Weise zelebriert, dass ich es als großartig und unnachahmlich empfinde. Ich habe selbst mit vielen großen Künstlern zusammengearbeitet und dabei auf der Bühne Ähnliches empfunden wie bei ihm. Ich wünsche ihm Gesundheit und noch viel Schaffenskraft. Die Steiermark und Graz können auf so einen Künstler sehr stolz sein."

Granditz:
„Der Toni bläst auf seiner Trompete die höchsten Töne und ich kann von ihm nur in den höchsten Tönen reden. Seine unglaubliche Musikalität, sein Musikantentum, die perfekte Beherrschung seines Instrumentes sowie seine Arbeit als Komponist und Arrangeur stellen ihn in die erste Reihe und ich ziehe meinen imaginären Hut vor ihm."

Meinungen mit Hirn, Charme und Zitrone

Mag. Robert Weigmüller
Schauspieler, Regisseur und Theaterdirektor

„Für mich ist der Herbert einer der größten Entertainer die es gibt. Leider wird er von vielen unterschätzt und bisweilen unter seinem Wert gehandelt und das ist sehr schade. Das Publikum erweist ihm nämlich keinen guten Dienst, wenn es ständig von ihm den „Besoffenen" verlangt. Andrerseits wieder zeigt dies die Treue seines Publikums. In seinen guten Kabarett-Programmen tritt er als souveräner Talkmaster auf, der den direkten Kontakt zu seinem Publikum pflegt. Er ist ein Künstler zum Angreifen und im besten Sinn ein Menschendarsteller. Bei seinen sensationellen Lesungen zum Beispiel lässt er seinem Können ebenfalls freien Lauf. Ihm hab ich freilich kaum etwas zu sagen, weil er ohnedies weiß wie es geht. Überhaupt würde ich gerne einmal ein gemeinsames Programm mit ihm erstellen, aber das scheitert halt aus Zeitmangel.
Ich wünsche mir, dass unsere Freundschaft bestehen bleibt. Dabei bin ich mir gar nicht sicher, ob ich in seinem Alter auch noch so aktiv sein werde wie der Herbert, den ich sehr bewundere."

Granditz:
„Die Grazer sind dem Herrn Mag. Weigmüller zu großem Dank verpflichtet! Wo immer ich gespielt habe, ob in Berlin, München, Stuttgart oder Wien, überall gab es erfolgreiches Komödientheater, nur in Graz nicht. Bis eben der Herr Weigmüller kam und bewies, dass dies auch im schönen Graz möglich ist. Er ist ein Regisseur, der dem Theater dienlich ist und es nicht kaputt macht. Unsere Freundschaft wird so lange bestehen bleiben, so lange ich mich nicht bei ihm um eine Rolle bewerbe. Allerdings wäre es der Höhepunkt meiner Karriere, wenn ich unter seiner Regie einen stummen Diener (ich bräuchte keinen Text zu lernen) spielen dürfte, der einen Kerzenleuchter auf die Bühne trägt. Aber bei aller Bescheidenheit, lieber Robert, ein mehrflammiger sollte es schon sein!"

Mit Hirn, Charme und Zitrone Meinungen

Prof. Jürgen E. Schmidt
Musikproduzent

Wir kennen uns seit dem Jahre 1964, sind eng befreundet und ich schätze ihn sehr. Er wurde von mir als Produzent betreut als er mit den 3 Lausern bei uns unter Vertrag stand. Als Kabarettist zählt er zu den wenigen die sich dem traditionellen Kabarett verschrieben haben, diese hochhalten und sich damit auch sensibler Tagesthemen annehmen.
Ebenso ist er als Maler ein durch und durch ernsthafter Künstler dessen Bilder ich gut kenne und einige auch besitze. Leider ist er mir seinerzeit etwas „abhanden gekommen", weil ihn die Liebe in die steirische Landeshauptstadt gezogen hat. Dies hat aber unserer Freundschaft keinen Abbruch getan.

Granditz:
1963 begann unsere Zusammenarbeit, aus der sich eine Freundschaft entwickelte, die trotz zeitlicher und räumlicher Trennung bis heute Bestand hat. Ich weis gar nicht mehr genau, wie viele Tonträger er mit mir produzierte. Er, der alle großen des österreichischen Kabaretts, aber vor allem das Werk Helmut Qualtingers produzierte, setzte sich dadurch schon zu Lebzeiten ein Denkmal. Aber auch die Opernfreunde haben ihm mehr als nur viel zu verdanken. Ihnen hinterlässt er aus seinem unerschöpflichem Fundus an Opernraritäten einen schier unermesslichen Schatz an Tonträgern. Ich hoffe, dass wir noch einige Cd's aufnehmen um darauf gemeinsam anstossen zu können. Ohne „triftigen Grund" ist er zu einem „guten Tropfen" nämlich kaum zu überreden.

Meinungen Mit Hirn, Charme und Zitrone

Fritz Trunkenpolz
Möbelhändler

Wir kennen uns seit 43 Jahren und haben uns in dieser Zeit nie aus den Augen verloren und treffen uns ständig. Seinen Urlaub verbringt er regelmäßig in meinem Haus an der Cote d'Azur. Ich schätze ihn als Menschen und Künstler. Als Maler wie als Musiker und natürlich auch als Kabarettist. Er ist hyperaktiv und kreativ, am besten ist er, wenn er unter Dauerdruck steht.

Granditz:
Ich kenne Fritz Trunkenpolz seit dem Jahr 1968, als er während seines Studiums, in der „Schwarenberg-Meierei", wo ich engagiert war, nebenbei als Kellner jobbte. Ich kann sagen, schon damals stimmte die Chemie zwischen uns. Ich habe schon immer Menschen bewundert, die all das können, was ich gerne können würde. Fritz steht in diesbezüglicher Hinsicht an der Spitze. Bei ihm verschmelzen Intellekt und handwerkliches Können auf perfekte Art und Weise. Ausserdem bin ich noch sehr froh darüber, dass er mein Freund und nicht mein Gegner ist.

Selbstporträt

Selbstporträt

Der Einstieg in mein Leben war, wie man fast erahnen konnte, so, wie dieses bis zum heutigen Tage verlaufen ist, nämlich ein ziemlich unüblicher. Meine Mutter fuhr, ihren sozialen Verhältnissen angepasst, mit der Straßenbahn zur Entbindung. Und zwar mit der in Wien berühmt und wegen ihrer Linienführung berüchtigten Linie 13. Diese verkehrt vom Südbahnhof zur Alserstraße von wo es quasi nur ein paar Schritte zum Allgemeinen Krankenhaus sind, wo ich am 6. Juli 1938 das für mich fahle Licht der Welt erblickte.

Geburtsschein

Es hätte aber auch anders ausgehen können, denn während der Fahrt zum Spital wurden bei meiner Mutter die Wehen so stark, dass sie dachte, ich würde schon in der Tramway erscheinen. Als starke Frau schaffte sie es aber doch noch bis zum „Allgemeinen" und ich kam so zu meinem ersten Erfolgserlebnis. Denn wohl geborgen im Bäuchlein meiner Frau Mama war ich dadurch als unerkannter Schwarzfahrer unterwegs

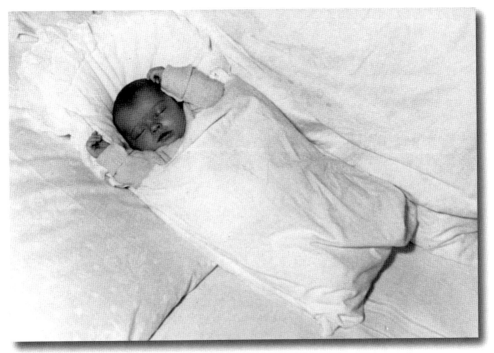

Der kleine Schwarzfahrer im Alter von fünf Wochen

Damit begann auch meine Odyssee durch einige Wiener Bezirke. Da sich das Allgemeine Krankenhaus im 9. Bezirk befindet, bin ich also geborener Alsergrundler. Getauft wurde ich in der Pfarre Alservorstadt im 8. Bezirk. Danach ging es zu meinen Großeltern nach Mödling, das damals noch der 24. Wiener Gemeindebezirk war. Danach, ich war gerade sechs Jahre alt, ging es von Mödling nach Mariahilf, dem sechsten Bezirk, wo ich aufwuchs und bis zu meinem Umzug nach Döbling, dem „Neunzehnten", wohnte. Meine Mutter hatte eine Wohnung in Meidling bezogen und ich wurde delogiert. Das Haus wurde abgerissen und ein Neubau errichtet. Diese Übersiedlung habe ich bis heute nicht bereut, denn ich fand in meiner neuen Wohngegend wunderbare Freunde, denen ich noch immer verbunden bin. Wenn ich heute in Wien bin, wohne ich selbstverständlich in Döbling, bei meinen Freunden in Neustift am Walde und fühle mich als echter Döblinger. Die ersten Lebensjahre verbrachte ich, mein Vater musste in den Krieg ziehen,

Mit meinen Eltern Pauline und Valentin im Hof der Familie Fackler

mit meiner Mutter bei den Großeltern in Mödling. Diese braven Leut' wohnten bei einem Weinhauer namens Fackler in der Brühlerstraße 36. Dort machte ich auch meine erste Erfahrung mit Alkohol und brachte es im zarten Alter von sechs Jahren zu meinem ersten netten Räuschlein. Dies allerdings nicht vom Genuss des edlen Traubensaftes, sondern vom Einatmen der alkoholschwangeren Luft im Weinkeller der Familie Fakler. Dies dürfte aber damals etwas in mir ausgelöst haben, das es mir bis heute unmöglich macht, einem guten Tropfen auszuweichen. Nachdem ich die Kindergartenzeit hinter mich gebracht hatte, startete ich zwei Ecken weiter in der Babenbergerschule meine Laufbahn als Volksschüler. Obwohl es der Name Babenberger nicht vermuten ließe, mussten wir, da das Regime ja nicht einmal vor Kindern haltmachte, vor Unterrichtsbeginn in Reih und Glied

Im Kindergarten hat es mir nicht gefallen, weil ich mittags immer schlafen musste.

antreten und mit unseren dünnen Kinderstimmchen lauthals „Heil Hitler" brüllen. Dieses Ritual wiederholte sich nach Unterrichtsschluss und dann erst durften wir nach Hause gehen. Aber natürlich gibt es auch positive Erinnerungen an diese Zeit: Da waren vor allem die Sonntagvormittage, die ich mit meinem geliebten Großvater verbringen durfte. Wir spazierten jeden Sonntag die Brühlerstraße in Richtung Spitalkirche. Mein Großvater und ich unterschieden uns aber ziemlich von den meisten anderen Spaziergängern, die auch diesen Weg nahmen. Denn der Großteil von ihnen bog rechts in die Kirche ein und mein Opa und ich nach links, in ein uriges

Mein Großvater, eine Respektperson

Wirtshaus. Dieses Gasthaus existiert übrigens auch heute noch und beherbergt ein kleines Dachbodentheater. Großvater, ein hagerer aufrechter Mann genoss sein Vierterl vom Heurigen und ich bekam mein geliebtes Kracherl. Natürlich noch mit Porzellanverschluss. Danach ging es wieder heim zu Großmutters Mittagstisch. Nachdem meine Eltern in Mariahilf endlich eine Wohnung gefunden hatten, besuchte ich kurzzeitig die Volksschule in der Grasgasse und anschließend die in der Corneliusgasse, wo ich auch den Rest meiner Volksschulzeit verbrachte. Meine Eltern trennten sich und ich lebte mit meiner Mutter im Souterrain des Hauses Gumpendorferstraße 65.
Nach bestandener Aufnahmeprüfung in die Realschule Mar-

Mit Mama als braver Volksschüler

chettigasse 3 begann eine Zeit mit völlig neuen Erfahrungen. Bisher hatte ich ja kaum welche gehabt. Meine Talente begannen sich unterschiedlich zu entwickeln. Das sprachliche positiv, das mathematische jedoch eher in die entgegengesetzte Richtung. Bis zur vierten Klasse hatte ich keinerlei Schwierigkeiten in Mathematik. Wir hatten vier Jahre lang denselben Professor, den wir sehr mochten. Und das vor allem, weil er aussah wie der Zwillingsbruder von Karl May. Ab der „Fünften" wechselten die Mathematikgenies ständig und dieser Umstand war für mich nicht unbedingt ein Vorteil. Schließlich erschien das „Bittere Ende" in der Person eines Herrn Professor Kaczerik. Und dieser „Mathematiker" musste es sich bei Schularbeiten immer wieder gefallen lassen, von unserem Klassenprimus Alfred Cech darauf aufmerksam gemacht zu werden, dass die Resultate der Aufgaben bei Cech immer etwas anderes ergäben als beim Herrn Professor. Cech hatte immer Recht. Für mich aber reichte sein mathematisches Wissen. Da mich Professor Kaczerik nicht besonders in sein Herz geschlossen hatte, erklärte er mir vor versammelter Klasse, er würde mich bei der Matura durchfallen lassen, was heutzutage selbstverständlich undenkbar wäre. Diese Freude habe ich ihm aber nicht gegönnt und ich erklärte ihm auf ziemlich drastische Art meinen Standpunkt dazu, was zur Folge hatte, dass ich von der Schule „abgegangen wurde." Mir persönlich erschien dieser Umstand nicht so tragisch, aber wegen meiner Mutter, die sich als Alleinerziehende abgerackert hatte, um das Schulgeld für mich aufzubringen, tat es mir gewaltig leid.

Meine Mutter war die Lieblingskrankenschwester von Prof. Dr. Leopold Schönbauer

Zu besagtem Mathematikgenie möchte ich eine kleine Episode nicht unerwähnt lassen:

Ich wohnte in der Gumpendorferstraße und der Herr Professor um die Ecke in der Esterhazygasse. Außer der schon erwähnten, in Wien berühmten Straßenbahnlinie 13 verkehrte dort auch der 57er. Nun ergab es sich eines Tages dass ich zufällig an einer der Straßenecken stand und sah, wie sich dieser schmächtige Mann bemühte, mit einem langen und vor allem breiten Brett die Straße zu überqueren. Er trug das Brett so, dass er die herannahende Tramway nicht bemerken konnte. Als er mit seinem Brett mitten auf den Schienen angekommen war, rief ich laut: „Grüß Gott, Herr Professor Kaczerik!" Als völlig normale Reaktion blieb er stehen und drehte er sich um, um zu sehen, wer ihn so freundlich grüße. Der Straßenbahnfahrer leitete eine Notbremsung ein, das Brett fiel zu Boden und der Mathematiklehrer stand kreidebleich mitten auf den Schienen. Mein Racheversuch war gescheitert.

Während meiner Gymnasialzeit erhielt ich von Professoren auch drei Ohrfeigen und eine davon möchte ich besonders hervorheben Da ich weder in Deutsch noch in den Fremdsprachen irgendwelche Schwierigkeiten hatte, machte ich die Hausaufgaben verbotener Weise zumeist in den Pausen in der Schule. Eines Tages, ich erledigte gerade meine Französischaufgabe, erwischte mich der Französischprofessor, der gerade Gangaufsicht hatte und bat mich zu Unterrichtsbeginn zum Katheder. „Geben Sie mir die Hand", sagte er und streckte mir seine rechte entgegen. Ich ergriff diese und mit seiner linken versetze er mir eine Ohrfeige. „Wissen Sie, warum ich Sie geohrfeigt habe?", fragte er. „Ja", sagte ich, „weil ich die Hausaufgabe in der Schule gemacht habe." „Nein", widersprach er, „sondern weil Sie so dumm waren, sich erwischen zu lassen." Ab dieser Begebenheit schätzte ich Professor Schwarz noch mehr als ich es ohnehin schon tat. Ich hatte aber noch einen anderen Lieblingsprofessor. Er hieß Professor Schaller und unterrichtete Darstellende Geometrie. Er war ein hervorragender Pädagoge und ein noch lieberer Mensch. Der Herr Professor und ich hatten eine gemeinsame „Liebe", nämlich ein Wirtshaus neben der Schule. Dort knüpfte ich meine ersten Kontakte zur Steiermark und zwar in Form von Puntigamer Bier. Ich verdiente mir damals an den Wochenenden mit unserer Dixieland Jazzband immer nebenbei ein paar Groschen bei diversen Tanzveranstaltungen. Daher war ich dann am Montag oft durstig. Mit Hilfe des Schulwartes konnte ich dann in der großen Pause erwähntes Gasthaus aufsuchen. Dort traf ich regelmäßig Herrn Professor Schaller, der sich die Pause immer mit zwei Gläsern „Negus", einem scheußlich riechenden Wermut, verschönerte. Und obwohl man dort mit schöner Regelmäßigkeit aufeinander traf, tat man immer so, als hätte man sich nicht gesehen.

Um mir den Besuch dieser Schule zu ermöglichen, arbeitete meine Mutter, zusätzlich zu ihrer Arbeit im Krankenhaus, noch ständig anderswo. So war ich fast immer mir selbst überlassen, versuchte aber ihr im Haushalt zu helfen, so gut ich konnte. Ich wärmte mein Essen, das immer vorgekocht war, selbst, wusch das Geschirr ab und lernte Hemden zu bügeln und anderes mehr. Heute würde man mich halt als Schlüsselkind bezeichnen.

Unser soziales Umfeld war alles andere als berauschend. Wir bewohnten eine Zimmer, Küche Kabinettwohnung im Souterrain des bereits erwähnten Zinshauses in der Gumpendorferstraße. Unter uns gab es dann noch die sogenannten Kellerwohnungen. 65 Parteien waren auf zwei Stiegenhäuser verteilt und im Parterre in der Nähe des überdimensionalen Haustores befand sich die Hausbesorgerwohnung. Auf unserem Gang wohnten sieben Parteien und es gab eine Toilette für 13 Personen, sowie eine Wasserleitung, eine sogenannte „Bassena", von wo sich jeder mit der „Wossakaundl" das köstliche Nass holen konnte. Wir hatten die Wohnung mit der Nummer 36, die „Bassenawohnung" und das war die neben der „Wasserquelle" gelegene, was sich später einmal als Volltreffer herausstellen sollte. Als meine Mutter nach langer Zeit ihr kärglich Erspartes dazu aufwendete, um einen 5-Liter Warmwasserspeicher, damals eine Sensation, für uns zu kaufen und installieren zu lassen, musste nur von der „Bassena" in unsere Wohnung durchgebrochen werden. Eine längere Leitung legen zu lassen, wäre für meine Mutter finanziell nicht verkraftbar gewesen. Außer uns wohnten auf dem selben Gang noch die Familie Mann mit ihrem Sohn Kurt, der im Jahre 1949 mein Firmpate wurde. In der Nebenwohnung lebten Herr Ludwig und Frau Amalie Schwarz. Sie, die kreuzbrave und fleißige Frau, meine liebe „Pepi-Tant", die auf mich aufpasste, wenn meine Mutter zur Arbeit war. Ihr Mann. der „Ludwig-Onkel" war das, was man gelinde gesagt einen Filou nennt. Immerhin war er aber ein guter Schachspieler. Daneben wohnte die total schwerhörige und deshalb glückliche Frau Rosa, eine gutmütige alte Frau und neben ihr, um des Kontrastes Willen, die Frau Liebenberger. Eine Prostituierte, die ständig stockbesoffen war und jede Menge Männer mit nach Hause schleppte und aus deren Wohnung es stets schrecklich säuerlich stank. Neben dem Abgang zum Kel-

Mit meiner Mutter und meinem Firmpaten Kurt Zillinger im Lichthof unseres Hauses, Gumpendorferstraße 65

ler und den Kellerwohnungen wohnte der Graphologe Herr Neuber mit seiner Frau und deren Tochter Silvia. Der Vater war im Krieg gefallen. Silvia, ein hübsches blondes Mädchen wurde Patenkind meiner Mama. In der letzten Wohnung neben der „Gangtoilette" wohnte noch eine penetrante und stets quengelnde Frau deren Namen ich aber vergessen habe. Sanitär stand es natürlich nicht zum Besten. Aber ein immer wiederkehrender Spruch meiner Mutter ist mir heute noch in Erinnerung: „Auch wenn wir arm sind, schmutzig müssen wir nicht sein. Ein Stück Seife können wir uns schon leisten." Für die „kleine Wäsche" gab es das berühmte Lavoir (sprich: „Lawur"), als Badewanne den hölzernen Waschtrog und für die „absolute Reinheit" das Tröpferlbad, das im nahe gelegenen Esterhazybad untergebracht war.

Wir hatten zwei Lichthöfe. In dem einen befanden sich die Waschküche und die Klopfstange zum Teppichklopfen – falls man einen besaß. Wir hatten als Bodenbelag Stragula, ein billiges Linoleumimitat. Es gab aber auch Parteien, die Teppiche liegen hatten. Da diese geklopft werden sollten, war immer für reichlich Staub gesorgt. Wenn es im Hof einmal staubfrei zuging, spielte ich draußen und schaute immer einem kleinen Affen zu, welcher hoch oben auf dem Dach des Nachbarhauses herumturnte. Dieses Äffchen gehörte dem Schauspieler Josef Meinrad, der im Nebenhaus eine Dachterrassenwohnung besaß. Im anderen Lichthof, vom Schlafzimmer aus zu „betrachten", gab es außer einer Mauer zum anderen Nebenhaus und einem Lichtschacht zur Kellerwohnung einer gewissen Familie Klopf, gar nichts. Die dominierende Farbe in meinem Alltag war also, deutlich erkennbar, Grau. Dies war

Das Esterhazy-Bad in der Gumpendorferstraße

mir allerdings nicht sehr angenehm. Nach meinem Abgang von der Mittelschule sollte ich dem Wunsch meiner Frau Mama entsprechend, einen für sie normalen Beruf ergreifen. Über Vermittlung eines Bekannten meiner Mutter, mit dem mich dann eine Freundschaft verband, kam es zu einem Vorstellungsgespräch bei einer Versicherung. Die Prüfung, die ich ablegen musste, war kein Problem für mich und meiner Zukunft als Versicherer stand nichts mehr im Wege. Außer der Farbe Grau, die auch dort vorherrschend war (sogar das Grün der Büroblumen hatte einen Graustich) und meinem zukünftigen Chef, einem gewissen Herrn Morawa. Dieser erklärte mir, dass das Wichtigste im Leben eines Menschen, sein Wille wäre, der ja angeblich Berge versetzen soll. Beim lieben Herrn Morawa kam dieser Spruch aber leider nicht zum Tragen. „Sehen Sie, Herr Granditz", sagte er gönnerhaft zu mir, „ich habe, bedingt durch eine Kriegsverletzung, ein kürzeres Bein. Durch die Kraft meines Willens merkt man es aber nicht." Und er hinkte, nachdem er meine Wange getätschelt hatte, zurück zu seinem Schreibtisch. Nachdem der Tag meines Arbeitsantrittes festgelegt war, beschloss ich, weiterhin willenlos zu bleiben und andere Farben, als das mich bisher begleitende öde Grau, in mein Leben zu bringen. Bevor es zu dieser unvergesslichen Begegnung mit Herrn Morawa gekommen war, hatte ich, wie bereits erwähnt, ständig Musik gemacht. Mein allererstes Geld, das ich damit verdiente, waren heiße 40 Schilling bei einer Tanzparty im Palais Schönburg, im vierten Bezirk.

Nachdem wir den Jazzkeller auf der Linken Wienzeile aufgegeben hatten, zerfiel auch leider unsere NOC-Combo und ich gründete ein eigenes Quintett. Nach dem erfolgten Abgang von der Schule und meiner Weigerung Versicherungsmann zu werden,

Tanzparty im Palais Schönburg. Das Plakat stammt von meinem Klassenkollegen und heutigen Spitzenjournalisten Peter Michael Lingens

erfolgte auch mein Abgang von zu Hause. Ich nächtigte einige Zeit lang im Besenkammerl der Wohnung meines Bassisten Michael Kritsch und ich kann nicht behaupten, dass es mir damals gut gegangen wäre und übergewichtig war. Mangels einer ausreichenden Menge an Nahrungsmitteln schon gar nicht. Aber auch in dunkelster Nacht entzündet manchmal ein guter Mensch eine Laterne und dieser Laternenanzünder zeigte sich für mich in der Person des damaligen Wiener Bürgermeisters Bruno Marek, der mir einen Job als Aufseher auf der Wiener Messe , noch dazu in der Halle mit den Lebensmittelautomaten, vermittelte. Ich spielte damals im Café Gartenbau am Ring. Im Kaffeehaus gab Abend für Abend Hermann Leopoldi mit seiner Frau Helly Möslein seine berühmten Lieder und Couplets zum Besten und im Jazzclub „Der Tunnel", der im Keller untergebracht war, spielte ich mit meinem Quintett. Es war ziemlich anstrengend, denn die Arbeit im Club dauerte meist bis spät in die Nacht und um sieben Uhr musste ich auf dem Messegelände im Prater sein, um die Schlüssel für die Halle zu übernehmen. Das war mir aber egal. Ich bekam von den Ausstellern zu essen und zu trinken, was immer ich wollte, denn ich war bei den Damen und Herren sehr beliebt. Und das kam so: In der Halle, hinten in den Kojen und vorne am Stand, herrschte natürlich absolutes Rauchverbot. Ich stellte mich den Ausstellern vor und erklärte, dass dieses Rauchverbot von der Messeleitung genauestens kontrolliert würde und ich, beziehungsweise die Oberaufseher darauf zu achten hätten, dass es auch strikt eingehalten würde. Obwohl ich damals zum Glück selbst noch nicht rauchte, zeigte ich großes Verständnis für die „Qualmeure" und erklärte ihnen folgendermaßen: „Da Sie, meine Damen und Herren, die Oberaufseher ja nicht kennen, weil sie ja inkognito unterwegs sind, sind Sie jederzeit leicht beim Rauchen zu ertappen, was zu empfindlichen Strafen führen kann. Ich jedoch kenne diese Herren. Deshalb habe ich, um Ihnen helfen zu können, folgenden Geheimplan entwickelt. Wenn ich auf meiner Runde vorbeikomme und das Lied „Wenn der Sommer kommt..." pfeife, kommt zwar nicht der Sommer, aber der Oberaufseher und Sie müssen Ihre Zigaretten sofort ausdämpfen." Das funktionierte hervorragend und ich bekam zu Speis und Trank auch noch fürstliche Trinkgelder, was in meiner damaligen Situation ein Geschenk des Himmels war. Aber zurück zum Jazzclub. Eines Tages erschien dort ein Herr und stellte sich als Direktor des Kabaretts „Das Kleine Brettl" vor und erklärte mir, er brauche dringend einen Schlagzeuger für eine demnächst beginnende Tournee und ich sei ihm als solcher empfohlen worden. Ich wollte aber nicht mit fremden Musikern zusammenarbeiten und nachdem ich Herrn Horny, so hieß der Mann, überzeugt hatte, dass es besser wäre mit einer eingespielten Truppe zu arbeiten, kamen zu unserer Rhythmusgruppe statt Hannes und Robert, die in Wien blieben, Heinz von Hermann als Gitarrist und Saxophonist hinzu.

Der Einstieg ins Profileben

Um aber als Profimusiker unterwegs sein zu können, mussten wir im Haus der Musikergewerkschaft vorspielen, was als Prüfung angesehen wurde. Wir bekamen einen Gewerkschaftsausweis in dem bestätigt wurde, dass wir jetzt den Beruf des Musikers ergriffen hätten und wir monatlich zwei Schilling Gewerkschaftsbeitrag erlegen müssten. Dieser epochale Tag war der 7. August 1957 und ich war gerade 19 Jahre alt, als ich meinen ersten Profivertrag unterschrieb. Dies geschah im Café Kammerspiele in der Rotenturmstraße. Ebenso wie das „Gartenbau", gibt es auch dieses schöne alte Kaffeehaus leider nicht mehr. Ich erhielt 60 Schilling Tagesgage und musste mich davon verpflegen, sowie die Kosten für das jeweilige Hotel tragen, in welchem wir abstiegen. Es gab damals in Österreich kaum ein Milch- oder Würstelstandl, welches ich nicht kannte. Die einzigen Kosten, welche die Direktion zahlte, waren die Bahnkarten DRITTER KLASSE. Mittels unseres Gewerkschaftsbüchels gab es auch noch eine Ermäßigung. Wir waren jeweils drei Monate im Frühjahr und drei Monate im Herbst unterwegs und jeden Tag an einem anderen Ort oder in einer anderen Stadt. Ich lernte Österreich damals ziemlich genau kennen. Auch logistische Probleme gab es zu bewältigen; wenn man monatelang täglich wo anders ist, ist es natürlich schwierig, seine Wäsche waschen und seine Kleider reinigen zu lassen. Das funktionierte folgendermaßen: Kleider und Wäsche wurden per Post an eine Wäscherei vorausgeschickt und für den unmittelbaren Bedarf, um auf der Bühne tadellos auszusehen, erfanden wir das „relative Hemd". Dazu benötigte man nichts außer einer Schachtel weißer Kreide. War der Kragen des Bühnenhemdes nicht mehr blütenweiß, legte man einfach eine feine Kreideschicht darüber und überließ den Rest dem dankbaren Licht der Bühne.

Das erste Engagement

Mein erstes Engagement mit dem „Kleinen Brettl" führte mich nach Klagenfurt zur Kärntner Holzmesse. So, wie aber mein Einstieg ins Profileben begann, hätte ich sofort wieder aufhören müssen. Auf einem weiträumigen Areal waren nebeneinander drei große Zelte aufgestellt. In der Mitte war das Größte der drei und wurde mittels eines überdimensionalen Bogens Packpapier ganz einfach zum „MAXIM" und versprach „Eine Nacht in Paris". Warum ist mir bis heute ein Rätsel geblieben.
Flankiert wurde dieser „Unterhaltungstempel" links von den Kleingärtnern und rechts von der Fleckviehausstellung und bald stellte sich

Eine Nacht in Paris am Tage. Mit Tommy Ryniewicz und Heinz v. Hermann

heraus, dass auch Rindviecher im Leben eine sehr entscheidende Rolle spielen können.

Der weibliche Star am Deutschen Schlagerhimmel hieß damals Renée Franke und war eine sehr gute Sängerin. Diese hatte ich mit meiner Gruppe zu begleiten. Ihr Hit war die deutsche Version des amerikanischen Schlagers „Seven lonely days" - „Sieben Tage lang..."

Nun, besagte Rindviecher dürften aber keine Fans der deutschen Schlagerdame gewesen sein oder akzeptierten nur die Originalversion. Wenn die große Franke sang, klang dies nämlich folgendermaßen: „Sieben Tage lang.. muh.. dich... muh.. sieben.. lang.. muh.. dich.. muh!" Nach drei Tagen war der Star ausgemuht und reiste als totales Nervenbündel ab. Nach ihrer Abreise blieb leider auch das Publikum weg und unser Gastspiel wurde früher als geplant beendet.

Aber auch im privaten Bereich erlitt ich eine Niederlage. Eines Tages, als ich in die Pension, in der wir untergebracht waren, zurückkam, stand ein Rettungswagen vor dem Haus. Arglos fragte ich die Pensionsinhaberin, ob denn etwas passiert sei. „Ja", sagte sie, „Ihre Freundin hat versucht, sich mit Tabletten das Leben zu nehmen." Meine Begleiterin hatte herausgefunden, dass ich die amtierende Miss Kärnten kennengelernt hatte und wir füreinander Zuneigung empfanden. Eindeutiger hätte der Hinweis auf die Tücken des Profimusikerlebens eigentlich nicht ausfallen können. Ich blieb aber trotzdem stur und auf dem Weg zum nächsten Job, dem Wachauer Volksfest, und dort verlief Gott sei Dank alles planmäßig.

Nachdem wir das Wachauer Volksfest gut überstanden hatten, tingelten wir bis November quer durch Österreich und ich sammelte einige Routine und Erfahrung, was ja für ein erfolgreiches Bühnenleben unerlässlich ist.

Entree ins Profileben

Die Große Liebe-Der Jazz

Der Vorteil des Herumreisens war, dass man monatelang Beschäftigung hatte. Andererseits war man nach dem Ende einer Tournee meist ohne Engagement. Zum Glück entstanden in diesen Jahren in Wien die ersten Jazzkeller und Clubs, die einem die Möglichkeit boten, Jazzmusik professionell zu betreiben.

„Junge Jazzer" Mit Karl Hodina und Peter Horton

Das BigBand Abenteuer
Im Süden von Wien war eine Big-Band mit dem Namen „CASINO TANZ ORCHESTER BADEN MÖDLING" angesiedelt und „stand unter der Leitung" eines gewissen Fred Schubert aus Mödling. Er machte auf „schöner Mann", trug ein Menjou-Bärtchen und war mit einem Taktstöckchen bewaffnet, mit dem er das Orchester attackierte. Mein Freund Max Glück spielte in der Band Klavier und vermittelte mich dorthin, als der Schlagzeuger das Orchester verließ. Geprobt wurde leider in Baden bei Wien. Ich kratzte das Geld für eine Rückfahrkarte mit der Badener-Bahn zusammen, setzte mich mit meinem Zeug in Bewegung und fuhr los. Als ich im Probensaal ankam, waren schon alle da, begrüßten mich freundlich und beteuerten, dass Max nur das Allerbeste von mir erzählt hätte. Ich stellte mein Schlagzeug auf und harrte der Dinge, die da kommen sollten. Zu allererst wurde ein Glenn Miller- Medley geprobt, das man sicher schon so oft gehört hatte, dass man es auswendig spielen konnte. Hier wurden dafür aber selbst-

verständlich Noten ausgeteilt. Auch für Schlagzeug. Und damit begann die Rückfahrkarte ihre Berechtigung zu erreichen. Der „schöne Fred" zählte vier vor und wir begannen zu spielen. Der Saxophonsatz blies so süß, dass die Trommelfelle nur so dahinschmolzen. Nach vier Takten unterbrach Schubert und ermahnte mich, besser aufzupassen. Wir begannen aufs Neue und nach vier Takten unterbrach er nochmals mit dem Hinweis, ich solle spielen, was im Arrangement stünde. Ich hatte während der ganzen Zeit interessiert in die Noten geschaut, konnte sie aber nicht lesen. Nachdem mir klar war, was die Folge sein würde, ergriff ich die Initiative. Ich warf die Schlagstöcke hin und erklärte stolz, in einem Orchester, in dem ich meine eigenen Ideen nicht realisieren dürfe, nicht spielen zu wollen. Ich packte wieder ein, verabschiedete mich freundlich und fuhr nach Wien zurück. Mich rauszuwerfen hatte ich dem zickigen Schönling nicht gegönnt, und war ihm zuvorgekommen und selbst gegangen. Ich hatte zwar keinen Job, aber meinen Stolz, von welchem sich aber leider nur schlecht leben ließ.

Die Jazzerei während der Gymnasialzeit war natürlich von Professionalität weit entfernt gewesen. Aber aus den damaligen Amateuren rekrutierten sich viele gute Profis und es entstanden die verschiedensten Formationen. Egal, ob Dixieland oder Modern Jazz, es tat sich etwas in Wien. Man verdiente natürlich nicht das große Geld, aber man konnte so schlecht und recht davon leben. Allerdings kann ich mich beim besten Willen nicht daran erinnern, dass ich damals mit einem wohlbeleibten Musiker zusammengespielt hätte. Einen wesentlichen

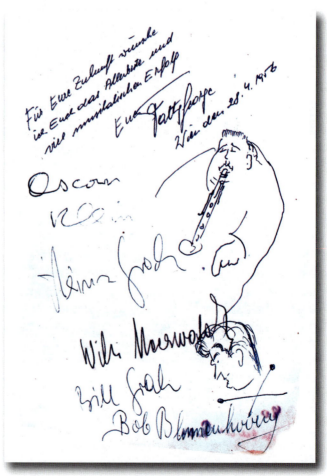

Vom großen Fatty George

Herbert Granditz Quintett im Jazz-Casino. Michl Kritschn(b), Robert „Bird" Leuthner (as), Hannes Rettenbacher (tp), H.G. und Tommy Ryniewicz (p)

Beitrag zu dieser Entwicklung leistete vor allem der geniale Fatty George, der nach vielen Jahren im Ausland, mit seiner Band nach Wien zurückgekehrt war und in der Annagasse sein legendäres „JAZZ-CASINO" gründete, wo er neben dem Engagement internationaler Stars der Jazzszene, vor allem den Nachwuchs förderte. Und, wie so viele andere, spielte auch ich dort mit meinem Quintett.

Dazu gab es die ersten Konzerte mit amerikanischen Jazzgrößen und an eines erinnere ich mich ganz genau. Es war im Konzerthaus. Lionel Hampton spielte mit seiner Bigband und ich konnte nur hingehen, weil ich mir anstatt eines dringend benötigten Paares neuer Schuhe, eine Eintrittskarte kaufte. Neben mir saß ein Mann, der sich so begeisterte, dass er nicht einmal merkte, dass ich ihm sein Opernglas aus der Hand nahm und mir damit die Musiker auf der Bühne ansah. Eine Gruppe, die mit ihrer faszinierenden Musik begei-

Connie Kay – mein Idol

sterte, war das berühmte „MODERN JAZZ QUARTETT" mit John Lewis, Milt Jackson, Percy Heath und Connie Kay. Namen, die bis zum heutigen Tage unvergessen geblieben sind. Ich spielte damals in einem Jazzclub in der Krugerstraße und plötzlich standen der Bassist Percy Heath und mein Idol, der Schlagzeuger Connie Kay, im Raum.
Beide waren nach ihrem Konzert zu einem Streifzug durch die Wiener

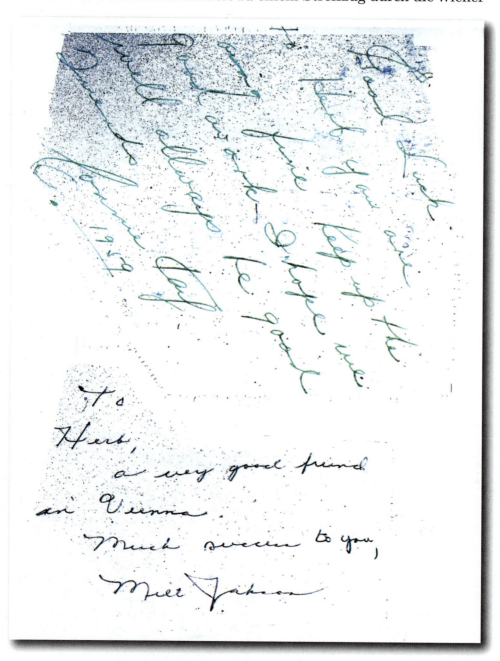

Connie Kay und Milt Jackson (Modern Jazz Quartett)

Jazzlokale aufgebrochen, blieben dann aber bei uns hängen. Ich hatte natürlich unglaubliche Hemmungen, aber dennoch kam ich mit Connie Kay ins Gespräch und er bot mir an, mir ein Stipendium in New York zu vermitteln. Er gab mir seine Adresse und Telefonnummer, aber ich fühlte mich diesem Schritt nicht gewachsen. Obwohl es gerade für mich als Autodidakt die große Chance gewesen wäre.

Bis zum Jahr 1959 arbeitete ich weiter als freier Musiker in Wien. In diesem Jahr gastierte das „MJQ" wieder in Wien und nach dem Konzert ging es zu einer Jam Session hatte ich die Ehre den Vibraphonisten Milt Jackson am Schlagzeug zu begleiten. Percy Heath, der Bassist, schenkte mir einen Handwärmer aus Metall, den ich heute noch besitze und wie eine Reliquie verehre.

Immer wieder „Kleines Brettl"!

Aber zurück zum Kabarett. Die Tourneen mit dem „KLEINEN BRETTL", in dessen Ensemble ich mich in der Zwischenzeit vom Begleitmusiker zum Solisten „emporgearbeitet" hatte, führten jetzt auch ins benachbarte Ausland und brachten mir die ersten Kritiken als „ÖSTERREICHS JERRY LEWIS" ein, und glücklicherweise waren, ausnahmslos, alle positiv. Das machte mir natürlich Appetit auf eine kabarettistische Laufbahn und von meinen Direktoren, den beiden „alten Kabaretthasen" konnte ich eine Menge lernen. Die Herbsttournee 1960 war in doppelter Hinsicht bemerkenswert. Zum Einen hatte ich am 7. Oktober im Stadttheater Gmunden folgendes aufregende Erlebnis:

Ich hatte im ersten Teil des Programms mein Solo. Es war kurz vor der Pause und das Publikum lachte sich halb tot. Mein Selbstwertgefühl steigerte sich von Sekunde zu Sekunde und ich „drückte", wie man in der Fachsprache sagt, um einen noch größeren Erfolg herauszuholen. In der Pause fragte ich, natürlich stolz auf meinen Erfolg, meine Kollegen nach ihrer Meinung. Keiner äußerte sich, alle lachten nur. Das machte mich natürlich zornig und ich fragte den Direktor, weshalb denn alle so blöd lachten. Er sagte nur: „Schauen Sie sich einmal Ihre Hose an." Ich schaute an meiner Hose hinunter und erstarrte. Ich hatte vergessen, das „Tor der Glückseligkeit" zu schließen und aus der schwarzen Hose schaute lang und neugierig ein weißer Hemdzipfel hervor. Nicht mir hatte der Erfolg gegolten –nein- jener weiße Winzling hatte die Lacher auf seiner Seite gehabt. Es kam aber noch schlimmer, denn kaum hatte ich nach der Pause die Bühne betreten, setzte im Publikum, ohne dass ich ein Wort gesagt oder einen Ton gespielt hatte, sofort wieder das Lachen ein. Und obwohl ich den „kleinen Weißen" inzwischen versteckt hatte, hatte er, auch nicht sichtbar, sofort wieder Erfolg.

Ich habe seither nie mehr wieder eine Bühne ohne „Hosentest" betreten. Die schöne Stadt Gmunden habe ich seither nur mehr privat besucht.

Zum Zweiten war diese Tournee bemerkenswert, weil ich erstmalig in den Grazer Kammersälen auftrat und die „SÜDOST TAGESPOST" über mich schrieb.

Damals wusste ich selbstverständlich noch nicht, dass Graz einmal meine zweite Heimat werden würde, ich nicht zum letzten Mal in den Kammersälen aufgetreten war und die „TAGESPOST" noch viele Male, vor allem in der Person des Grazer Top-Journalisten Sepp L. Barwisch, mit dem mich eine wunderbare Freundschaft verbindet, über mich berichten würde. Dieser Sepp L. also hatte folgende Eigenart: Wenn er mich, nachdem er über mich eine Kritik geschrieben hatte, anrief und fragte, ob ich die Zeitung schon gelesen habe, wusste ich, es wäre besser, sie gleich gar nicht aufzuschlagen. Rührte er sich telefonisch nicht, wusste ich, dass die Kritik positiv ausgefallen war. 1961 war ich noch einmal sechs Monate mit dem „BRETTL" auf Tournee und stieg dann nach der Herbsttournee aus. Eine interessante und sehr lehrreiche Zeit war somit zu Ende.

Erster Zeitungsausschnitt in Graz

Zwischenzeiten

Wie bereits erwähnt, boten sich Gelegenheiten, in diversen Jazzclubs aufzutreten. Das war aber nicht genug, davon konnte man nicht leben. So musste der Jazzmusiker versuchen, die Zeiten zwischen den Auftritten in den Clubs so gut wie möglich mit anderen Jobs zu überbrücken. Das brachte mit sich, dass er seine musikalischen Ideale, zumindest zwischenzeitlich, über Bord werfen und kommerzielle Tanzmusik machen musste. Dadurch gewann ich aber auch zwei ganz wichtige Erkenntnisse, nämlich dass man nicht nur nicht gegen den Strom schwimmen kann, und dass es reine Ignoranz wäre, einem musikalischen Purismus zu unterliegen. Im Zuge dieser Kommerzialisierung meines musikalischen Egos kam es zu meinem ersten Auslandsengagement, und zwar in Passau in der BRD. Das Lokal, in dem wir „aufgeigten" hieß Café Wittelsbach und ist heute, wie so viele andere Lokale in welchen ich gespielt und aus Neugier später wieder besucht hatte, eine Discothek.

Das Café Wittelsbach in Passau – ein „gefährlicher" Schuppen

Mit mir musizierten: Der Pianist Istvan Prader aus Budapest und mein Freund Géza Komjathy, welcher 1. Klarinettist des klassischen Orchesters „PHILHARMONICA HUNGARICA" war, aber in unserer Besetzung Altsaxophon spielte. Die beiden ungarischen Musiker waren während der Revolution im Jahr 1956 nach Österreich gekommen. Willi Bertini spielte Bass und Gitarre. Der Sänger Gert Wilfried war der

Endlich ein Profiinstrument.
Zum 21. Geburtstag schenkte ich mir ein ehrlich „erhungertes" Schlagzeug

Solist und ein „typischer Tenor". Ihm musste ich die englischen Texte phonetisch aufschreiben, damit er sie singen und sich das „Mäntelchen der Internationalität" umhängen konnte. Unsere Gage betrug 500,- DM. Wir spielten täglich von acht Uhr abends bis drei Uhr früh und hatten Sonn- und Feiertags von 16-18 Uhr einen 5-Uhr Tanztee zu spielen. Während unserer Auftritte hatten wir zweimal zehn Minuten Pause, in welchen wir ausnahmslos ein Paar Würstel zu essen bekamen. Diese Würstel, eigentlich eher Würstchen, konnte man in weniger als 10 Minuten leicht hinunterwürgen. Mich traf dieser Umstand nicht besonders, denn ich hatte mir das „große Essen" wieder einmal abgewöhnt, weil ich auf ein neues Schlagzeug sparte und jeden Pfennig dafür brauchte.

Zu dieser Zeit gab es in Passau eine amerikanische Garnison. Einmal im Monat mieteten die Amis das gesamte Lokal und veranstalteten ein Fest. Dabei gab es alles, was ein hungriger Magen begehrte, zudem Zigaretten, Whisky und die hübschesten Mädchen von Passau. Unter dem Klavier hatten wir immer eine Doppelliterflasche mit aufgesetztem Trichter stehen, damit wir keine Einladungen ausschlagen mussten. Gegen Ende des Festes waren die „Tapferen" jedes Mal so besoffen, dass sie total „abgemeldet" waren. Wir rafften alles Essbare zusammen, vergaßen unseren „Bourbon-Doppler" nicht, packten die Mädchen und feierten zu Hause weiter, wo wir die „Whiskybombe entschärften" und die unglücklichen Damen von ihren Liebesqualen befreiten. Zum Café Wittelsbach fällt mir auch folgende Geschichte ein:

Die Teppichkeiler
Das Café Wittelsbach hatte nur ein Fenster zur Straße, welches riesengroß war und einen Blick über den ganzen Platz, auf dem es sich befand, bot. Am Fenster saß jeweils der Schlagzeuger, also, in dem Fall, ich. Eines Abends, es war noch hell, stiegen drei gut genährte und ebenso gekleidete, schwarzhaarige Typen aus einem silbernen Mercedes, betraten das Lokal und bestellten eine Flasche Sekt. Dann noch eine und noch eine. Danach verlangten sie, dass die Musik bei ihnen am Tisch spielen solle. Aufgrund des zu erwartenden Umsatzes gab es vom Chef her diesbezüglich kein Problem. Wir spielten dies und das und als Istvan am Akkordeon eine Hora zum Besten gab, brachen die drei Männer in Begeisterung aus, was uns die Gewissheit brachte, dass es sich bei diesen Gästen um Zigeuner handelte, die auf Teppichtour waren. Mit ihren „echten" Teppichen ein lukratives Geschäft.
Plötzlich sagte einer der Feingekleideten: „Kennen Sie spülen, dos Lied „Fusswosching"?" Wir blickten uns verständnislos an und fragten: „Wie heißt dieses Lied?" „Fusswosching!", erklärte der Typ wieder. Keiner von uns kannte dieses Lied. Darauf begann uns der feine Herr erregt zu beschimpfen. „Wenn nix kennen spülen Fusswosching, nix san Musiker. A Scheißtruppn san!" Immer noch geduldig fragten wir, ob er uns vielleicht die Melodie vorpfeifen könne. Er pfiff und damit war auch das Problem gelöst, denn wir erkannten die Melodie sofort. Mit „Fusswosching" meine er nämlich den Song „Fools Rush in....".
Somit war die Abstammung der drei Herren ziemlich eindeutig geklärt, nicht aber ihre Nationalität.

Im Wittelsbach beging ich meinen 21. Geburtstag, hätte dort aber auch fast mein Leben gelassen.
Einer der Amis, die regelmäßig bei uns als Gäste verkehrten, war ein amerikanischer Geheimagent namens Dean Brenbrook. Seine Tätigkeit war so „geheim", dass wir alle wussten, dass er ein CIA-Mann war. Dieser Dean Benbrook, ein langer hagerer Mann, war mit der Bardame

liiert und irgendjemand hatte ihm zugetragen, dass einer der Musiker regelmäßig mit seiner Edith schliefe. Eines Tages kam er in das Lokal, es war gerade Pause, stürzte auf mich zu, zog eine Pistole und schrie: „You fuck my wife! I kill you, dirty bastard!" Im ersten Augenblick war ich natürlich wie gelähmt und brachte kein Wort heraus. Im Lokal herrscht Totenstille nur Benbrook schrie immer wieder, dass er mich umbringen würde. Nachdem ich meine Sprache wiedergefunden hatte, gelang es mir, ihn gemeinsam mit seiner Edith zu beruhigen und ihm zu erklären, dass ich schuldlos sei. Der Schuldige war der Saxophonist und der hatte sich in der Zwischenzeit im Keller versteckt. Bis heute ist mir ein Rätsel, warum er gerade auf mich verfallen war.

Nach Passau gab es noch viele weitere erlebnisreiche Stationen, mit immer wieder wechselnden Besetzungen. Von Juni 1961 an spielte ich drei Monate im „TABARIN", das vorher „FATTY'S JAZZCASINO" geheißen hatte und ich bin mit Sicherheit der einzige Musiker Wiens der sowohl im Jazzlokal als auch im Kommerztempel gespielt hat. Die Band hieß „5 Pennies" und wurde von meinem Kollegen aus Brettl-Tagen, Charlie Baeker, gegründet. Neben Charlie spielten noch Herberth Bugkel, der damals von allen Schlagerstars als Begleiter geschätzt war, am Saxophon Gerd Bernert, mein Freund Peter Metzeler, der nachmalige Gitarrist des berühmten „HAZY OSTERWALD SEXTETTS" und ich.

Im Tabarin. Früher Fatty's Jazz- Casino – dann Kommerztempel. Charlie Baeker (dr), Herberth Bugkel (p), Gerd Bernert (Ts), Herbert Granditz und Peter Metzeler (g).

Peter und ich waren damals gesanglich vor allem mit Hits der „EVERLY BROTHERS" sehr erfolgreich. Mittwoch war der von mir besonders geschätzte Tag, denn da ging ich vor der Arbeit immer in den nahen Stephansdom und genoss das Konzert des Domorganisten. Anschließend ging es ins Tabarin zum Gästekabarett. Aus dieser Zeit stammt noch meine Freundschaft mit Peter Rapp, der jeden Mittwoch, als damals unbekannter junger Mann, eine Gesangseinlage gab.

Der singende Polizist

Nachdem das Engagement im „Tabarin" zu Ende gegangen war, löste sich die Band wieder auf und ich gründete die „GLOBETROTTERS". Sie rekrutierte sich aus Herberth Bugkel, mit dem ich fortan viele Jahre zusammenarbeiten sollte, dem Gitarristen Peter Frodl, dem Bassisten Helmuth –„Jerry" Gaugitsch und mir.

Wir probten sehr intensiv und eines Tages tauchte der singenden Polizist Herbert Beyer auf, den wir schon im Tabarin fallweise begleitet hatten. Der Mann war damals ein absoluter Star und war mit seinem Hit „Es kommt der Tag..." Gast in allen großen Musiksendungen im Fernsehen. Als er aber einmal gemeinsam mit Caterina Valente, während eines Krankenstandes in einer dieser Sendungen im Duett sang, war es mit der Polizeikarriere vorbei und er blieb fortan nur der singende Polizist Herbert Beyer. Dieser Herbert Beyer also suchte eine Begleitband und so kam es, dass wir längere Zeit mit ihm zusammen arbeiteten.

Probe für Herbert Beyer

Aufgrund seiner Popularität waren wir sehr beschäftigt und viel unterwegs. Wir studierten sogar eine halbstündige Bühnenshow ein, in der Beyer in Polizeiuniform auftrat und wir sinnigerweise als Sträflinge. Für das Kaufhaus „Gerngroß" auf der Mariahilferstraße gingen wir mit Willi Kralik und Beyer auf Modenschautournee, spielten bei Bällen sowie anderen Veranstaltungen und hatten in der Schwechater Stadthalle sogar einen Fernsehauftritt in der Sendung „Teenager-Party". Besonders gut erinnere ich mich aber an einen Hausball in einem Gasthaus in Frauenkirchen im Burgenland.

Der Hausball
Herbert Beyer war ein Typ, der gerne Autogramme gab und ließ sich am Anfang seiner Karriere eigene Autogrammkarten drucken. Da er schadhafte Zähne hatte, sah er darauf aber nicht besonders gut aus. Nachdem sich sein großer Erfolg einstellte, ließ er sich natürlich das Gebiss sanieren, was ihm ein anderes, verbessertes Aussehen verlieh. Danach ließ seine Schallplattenfirma neue Karten drucken auf denen er ein strahlendes Lächeln zeigte. Die frühen Karten wollte er aber auch nicht alle wegwerfen und verwendete sie hin und wieder bei kleineren Veranstaltungen. So auch bei besagtem Hausball in Frauenkirchen, wo er von Autogrammjägern nur so umlagert wurde. Herbert Beyer saß an einem Wirtshaustisch und schrieb sich die Finger wund. Plötzlich entstand ein Tumult, vom Sänger war nichts mehr zu sehen. Was war geschehen? Einer der Autogrammsüchtigen, ein riesiger Maurergeselle, verglich den feschen Herbert Beyer mit jenem auf der alten Autogrammkarte. Da konnte etwas nicht stimmen und er schrie aufgebracht: „Du glabst, du kunnst ins Burgenlandla verorschen. Du bist jo gor nit da Herbert Beyer!" Und er setzte ihm die „gelbrote" Faust auf den Mund. Der arme Beyer fiel vom Sessel und sah wieder aus wie auf der alten Autogrammkarte. Und ich habe es ihm im Nachhinein gegönnt. Ich kam nämlich drauf, dass er, der sowieso fette Gagen einstreifte, meine Mikrofonanlage, die ich mir wieder einmal „vom Mund abgespart" hatte jeweils gegen gutes Geld an die Wirte, wo wir spielten, vermietete und nicht mit mir teilte. Nach einer kleinen „händischen" Aufmerksamkeit ihm gegenüber, meinerseits war damit die Zusammenarbeit beendet.

Die Post und ich

Als freischaffender Musiker hat man immer wieder Zeiträume, in denen man nicht einen einzigen Job angeboten bekommt. Da ich nicht gerade zu den faulen Menschen gehöre, habe ich mich in diesen Zeiten stets nach anderen Beschäftigungen umgesehen. Ich war Beleuchter bei der „Austria Wochenschau", Saalwart, Werbezettelverteiler, Billeteur und vieles mehr. So kam es auch zu einer kurzzeitigen Liaison mit der Österreichischen Post. Ich bewarb mich bei der Paketpost und wurde beim Paketschnellzustelldienst als sogenannter „Springer" eingesetzt. Das bedeutete, wenn einer, der schon ewig Dienenden Urlaub machte oder krank wurde, kam ich als Einspringer zum Zug. Was mich erstaunte, war der Terminus „Schnellzustelldienst", denn in der Praxis war es gar nicht möglich, schnell zu sein. Wir transportierten nämlich die kostbare Fracht in gelben, mit Akkus betriebenen Monstern durch die Straßen Wiens. Und diese mit Batterie betriebenen Riesen surrten so leise und gemächlich dahin, dass wir ohne das leuchtende Gelb niemandem aufgefallen wären. Ich trug Gott sei Dank keine Uniform und war nur aufgrund einer rotweißroten, mit einem Stempel versehenen, Armbinde als „Postler" zu erkennen. Ich gab mich als Kunststudent aus, war immer freundlich und bekam vor allem von älteren Damen schöne Trinkgelder. Aber auch vom Gegenteil blieb ich nicht verschont- und das kam so: Natürlich kannte jeder Postler sein Revier und damit auch seine Kundschaft in- und auswendig. An die großzügigsten Kunden und die leicht zustellbaren Pakete kam ich als Springer nie heran. Aber dafür immer an die anderen, wie in folgendem Fall. Das Ganze fand im 9. Wiener Bezirk, in der Maria Theresienstraße neben dem ÖGB-Haus, wo ich einst meine Berufsmusikerprüfung abgelegt hatte, statt. Ich musste einer Dame in einem achtstöckigen Bau ein 25 Kilo schweres Kistchen zustellen. Der Inhalt war mir rätselhaft, weil das Poststück nicht groß und trotzdem so schwer war. Noch dazu hatte es keinen Griff sondern war nur mit Metallbändern verschlossen und man konnte es nicht richtig anpacken. Die Kundin wohnte im achten und letzten Stock und beide Lifte waren außer Betrieb. Ich stieg also mit diesem Paket des Teufels die acht Stockwerke hinauf und läutete. Niemand öffnete. Ich läutete mehrmals, doch niemand öffnete. Also schrieb ich vorschriftsmäßig eine Benachrichtigung, warf sie in den Briefschlitz, nahm das Kistchen und bewegte mich gar nicht als Schnellzusteller wieder die acht Stockwerke abwärts. Kaum hatte ich den Flur betreten, öffnete sich das Haustor und eine wasserstofferblondete Pseudoschönheit betrat, einen Minipudel an der Leine, das Haus. „Sind Sie der Postbote?", fragte sie mich und obwohl ich dieses Wort hasste, musste ich natürlich bejahen. „Haben Sie etwas für mich?", war die zweite Frage. Und, wie könnte es anders sein, es war sie die Empfängerin der 25-Kilo Bombe. Ich stieg nochmals ‚freudestrahlend' die acht Stockwerke hinauf, erledigte die Zustellung, kassierte die Gebühr und erwartete ein kleines Danke in Form einer finanziellen Aufmerksamkeit. Aber kurz gesagt, der Untermieter, der bei der Dame wohnte, hieß Geiz. Nicht einmal zehn Gröschlein wechselten den Besitzer und meine alpinistische Großleistung blieb unbelohnt. Allerdings dürfte das blonde Gift nicht mehr lange gelebt haben, denn die vielen Krankheiten, die ich ihr beim neuerlichen Abstieg schon im siebten Stock an den Hals wünschte, hätte der gesündeste Mensch nicht länger als zwei Wochen überlebt. Sonst aber gefiel es mir bei der Post ganz gut. Allerdings gab es auch ein Problem, denn man durfte vor einer bestimmten Uhrzeit nicht zur Abrechnung zurückkommen. Wenn man also zu früh mit der Arbeit fertig war, hatte man zwangsläufig einige Stunden Freizeit. Bedingt durch die jahrelange Erfahrung der älteren Kollegen deren „Beiwagen" ich war, lernte ich viele gute Wiener Gasthäuser kennen.

Meine zweite „Verlobung" mit der Post dauerte allerdings nur eine einzige Nacht. Nach meinen guten Erfahrungen während meiner ersten Zeit bei ihr, versuchte ich später noch einmal bei ihr unterzukommen. Da ich als Zusteller gut verdient hatte, wollte ich natürlich wieder als solcher eingesetzt werden. Leider wurde meinem Wunsch nicht entsprochen und ich wurde dem Postamt am Franz - Josefsbahnhof zugeteilt. Dort hatte ich eine Nacht lang Zeit, mit einem anderen Leidgeprüften einen Eisenbahnwaggon mit Poststücken zu beladen. Nachdem ich Güterwaggons vorher immer nur von außen gesehen hatte, war mir nicht bewusst, was da auf mich zukam. Während der Eine von uns beiden seine Pakete streng nach Adressen sortiert im Waggon ablud, belud der Andere seine fahrbare Plattform mit Paketen,

Die Post bringt jedem was

fuhr hinaus um seinerseits zu entladen, währen der Erste wieder leer zurückfuhr, um neuerlich seine „Rolle" zu beladen. So ging es immerfort hin und her. Nachdem ich schon das Gefühl hatte, mir wäre bereits so ein Buckel gewachsen, dass der von Quasimodo dagegen aussähe wir ein Wimmerl, aber im Inneren des Waggons erst ein unscheinbarer Haufen an Paketen aufgestapelt war, entschloss ich mich, die Verlobung mit der Österreichischen Post zu lösen. Das tat ich um sechs Uhr früh, nach Dienstschluss, wegen eines angeblichen Herzklappenfehlers. Fortan hatte ich mit der Post nur mehr brieflichen Kontakt und zwar dann, wenn ich einen solchen aufgab.

Bei den Westfalen

Nach nie enden wollenden Nebeltagen brach im Frühsommer 1962 endlich ein Sonnenstrahl durch die Wolkendecke des Dahinvegetierens und zwar in Form der Konzertagentur Gröschler aus Duisburg am Rhein, die mich mit meinem Quintett dringend für ein Lokal in Essen brauchte. Ich sagte sofort freudig zu aber gleichzeitig war mir nicht sehr wohl in meiner Haut, denn ich hatte nämlich gar kein Quintett. Was tun? Ich rief augenblicklich Herberth Bugkel, mit dem ich im Tabarin gespielt hatte, an und dazu Helmuth Gaugitsch, der Bass und Klavier spielte. Dieser wieder wusste einen Trompeter mit Nebeninstrument Gitarre und das Quartett stand. Nur ein fünfter Mann war nicht aufzutreiben. Wir mussten aber als Quintett antreten. Da

Das Herbert Granditz Quintett im „Käfig" in Essen. Helmut Gaugitsch(b), Herberth Bugkel(p) , Geza Komjathy (as, cl), Herbert Granditz und Roman Weber (tp,g)

fiel mir ein, dass mein Freund Géza Komjathy, der Philharmoniker, nun in Marl-Hüls im Ruhrgebiet lebte. Ich rief ihn an und das Herbert Granditz Quintett war geboren. Leider sollte es meine letzte Gruppe sein, aber das wusste ich zu diesem Zeitpunkt noch nicht.

Da jeder zwei Musikinstrumente beherrschte, konnten wir in den verschiedensten Musikrichtungen tätig sein. Wir probten drei Tage in Wien und setzten uns in Richtung Ruhrgebiet in Bewegung. Obwohl es ein ziemlich weiter Weg war, den wir zurücklegen mussten, hat er sich zumindest für meine Allgemeinbildung gelohnt. Bisher hatte ich nämlich geglaubt, der in der Eiszeit ausgestorbene Neandertaler wäre kein Europäer gewesen. Was wahrscheinlich auch richtig ist, denn erst diverse Höhlenfunde von Gibraltar ausgehend, belegen seine Verbreitung in Europa. Der Namen gebende Fundort im Neandertal bei Düsseldorf macht ihn für mich aber zu einem HOMO GERMANICUS. Und ein vom HOMO SAPIENS abweichender, war der Chef, für den wir arbeiten sollten. Er hieß „von Asbrede" und war ein abgehalfterter General aus dem Zweiten Weltkrieg, den er scheinbar in seinem Lokal, welches bezeichnenderweise „KÄFIG" hieß, weiterführen wollte. Und zwar gegen das Personal samt Musikern. Der Empfang war sehr ‚herzlich'. Er nannte mir seinen Namen, überreichte mir einen Wisch, sagte lakonisch: „Dies ist die Hausordnung", und schwirrte ab. Obwohl es ein völlig normales Tanzlokal war, musste der Geschäftsführer, Herr Giraud, ein sehr netter Mensch, im Stresemann herumlaufen. Auf einem silbernen Tablett hatte er uns täglich zu übermitteln, was dem Herrn General nicht passte.

Das ging 20 Tage so.

Eine Schnapsidee
Um dem Namen KÄFIG vollauf gerecht zu werden, war in der Hausordnung des Herrn Asbrede unter anderem festgehalten, dass während der Arbeit auf der Bühne nur dann getrunken werden dürfe, wenn ein Gast den Musikern eine Runde spendierte. Dabei handelte sich natürlich ausschließlich um Bier, was uns Weintrinkern, wie man sich denken kann, große Freude bereitete. Schnaps war natürlich total verboten. Nun trug es sich aber zu, dass unser Trompeter jeden Tag so gegen Eins-halb Zwei einen „Schönen sitzen hatte." Wie war das möglich, fragt man sich, wenn wir so gut wie keinen Alkohol inhalierten. Bei näherer Befragung meinerseits, verwehrte sich unser Trompeter entschieden dagegen betrunken zu sein. Ich begann ihn heimlich zu beobachten und kurz vor dem Ende unseres Gastspiels kam ich dahinter. Mir fiel auf, dass er, obwohl wir alles auswendig spielten, in einer Aktentasche einen großen Packen Noten mitschleppte und in den Pausen immer emsig darin herumsuchte. Des Rätsels Lösung war eigentlich ganz einfach. Zwischen den Noten hatte der Clevere einen Flachmann versteckt und unter dem Motto „Ein Ertrinkender greift

nach jedem Strohhalm", hatte er zwei Strohhalme ineinander gesteckt und während wir Anderen uns unterhielten, nahm der „Schlürfhansl" beim Notensuchen einen kräftigen Schluck, was bis zur Sperrstunde zum seinerseits gewünschten Erfolg führte. Eigentlich war es gar keine „Schnapsidee", sondern eine ausgezeichnete, welche noch sehr ausbaufähig war.

Mit der Gewissheit, dass wir beim Publikum sehr gut ankamen, beschlossen wir, uns vom frustrierten Veteranen nicht mehr zu drangsalieren zu lassen. Als uns wieder einmal signalisiert wurde, dass wir leiser spielen sollten, Herr von Asbrede hätte schon wieder Kopfschmerzen, brachen wir ab, stellten uns militärisch in einer Reihe auf, sangen das „Götzzitat" mit herzzerreißendem Vibrato und marschierten ab. Entschlossen, dort keinen einzigen Ton mehr zu spielen. Am nächsten Morgen musste ich nach Duisburg zur Agentur fahren und nachdem ich die Situation erklärt hatte, versprach mir der Agent, dass wir fürderhin in Ruhe gelassen würden- und so war es auch. Die Menschen rundherum waren ausgesprochen nett, das Publikum super und, nachdem wir jetzt ja in Ruhe gelassen wurden, machte das Musizieren einen riesigen Spaß. Einen besonderen Nachteil hatte das Lokal aber – die hübsche Toilettenfrau im Keller. Wenn ich mich recht erinnere, hatten wir damals plötzlich alle ein Blasenleiden. Am schlimmsten hatte es unseren lieben Bugki erwischt, der mit der hübschen Samariterin im Keller endlose, medizinisch fundierte Gespräche führte und dabei immer mehr „erkrankte".
Aber noch etwas darf nicht vergessen werden. Ich wohnte mit Géza, der ja aus Budapest stammte und einem Sänger aus Zagreb bei einem Schneidermeister aus Prag. Damit war mit mir, dem Wiener, die Monarchie wieder kurzfristig hergestellt. An sich ja nichts Außergewöhnliches - aber! Wenn ich, als Musiker, egal wo, ein Zimmer bezog, waren die ersten Worte: „In der Nacht Frauen mitbringen ist verboten!" Hier war das anders. Der „musikalische" Schneider aus Prag ermahnte uns, dass, wenn wir nach der Arbeit Damen mit nach Hause brächten, sie entweder die Schuhe ausziehen, oder im Gras neben den Steinen gehen lassen sollten, damit die anderen Hausbewohner das Trippeln der Stöckelschuhe nicht hören konnten. Meinem Freund Géza und mir kam das sehr entgegen, weil wir dadurch die Möglichkeit hatten, uns an Asbrede mittels seiner hübschen jungen Frau und seiner ebensolchen Sekretärin zu rächen. Nach dem verlorenen Weltkrieg musste er also noch eine Niederlage einstecken. Nachdem wir den KÄFIG endlich verlassen hatten, spielten wir nach dem Klaus Doldinger Quartett im Jazzclub „KALEIDOSKOP". Von dort ging es dann weiter nach Dortmund ins „METRONOME", wo fifty-fifty Jazz und Kommerz gefragt waren. Und ausgerechnet in Dortmund sollte eine Wende in meinem Leben eintreten.

Die Rückkehr

Ich hatte gerade Pause im „METRONOME", als ich ans Telefon gerufen wurde. Es war ein Anruf aus Wien. Am Apparat war mein alter Freund aus Kindertagen, Peter Peters, mit dem ich gemeinsam in Mariahilf aufgewachsen war. Er im Haus Blümelgasse 1, beim Esterhazypark, dort wo heute im Flakturm das „Haus des Meeres" untergebracht ist, und ich vis à vis in der Gumpendorferstraße.

Wir hatten uns schon längere Zeit nicht gesehen und ich war überrascht, dass er überhaupt wusste, wo ich mich gerade aufhielt. Nicht einmal meine Mutter hatte meine Telefonnummer in Dortmund. Diese konnte er nur von meiner damaligen Freundin haben. Und so war es auch. Ich dachte mit, es müsse schon einen triftigen Grund haben, wenn Peter mich in Deutschland anrief.

Der Grund war mehr als triftig: Peter spielte zu dieser Zeit mit einem Trio, welches sich die „3 Murlis" nannte und Heurigenkabarett, im Stile der „3 Spitzbuben", im Restaurant „Sanfter Heinrich" in Hütteldorf, darbot. Peter war mit dem Erfolg der Truppe nicht zufrieden, weil der komische Aspekt seiner Meinung nach nur ungenügend zum Tragen kam. Deshalb suchte er jemanden, der dem kabarettistischen Element einen Stempel aufdrücken konnte und es fiel ihm ein, dass ich durch meine Jahre beim „Kleinen Brettl" kabarettistisch vorbelastet war. Also rief er mich an und sagte mir, dass er eben zu diesem Zweck einen Bassisten suche und fragte, ob ich das machen wolle.

Allerdings, klärte er mich auf, müssten wir vor dem Programm eine Stunde lang zum Essen Schlagermusik spielen und nach dem Kabarettteil die musikalischen Wünsche der Gäste an den Tischen erfüllen. Was aber zusätzlich zur Gage, sehr gut honoriert werde. Eine Entscheidung konnte man in so einem Fall nicht am Telefon fällen und wir vereinbarten, uns in zwei Wochen in Wien zu treffen.

Ich hatte zu dieser Zeit sowieso ein Engagement in der Cobenzl-Bar, so traf sich dies gut. Eines sagte ich ihm aber sofort klipp und klar, nämlich, dass falls ich bei ihm einstiege, ich es nur zusammen mit meinem Freund Herberth Bugkel mache. Dies war aber wieder nicht einfach für Peter, da sein Kollege am Akkordeon, Leo Ricka, ein lieber Mensch und guter Musiker war. Mir tat dies natürlich auch leid, aber es war nicht zu ändern. Letztlich waren es für alle Beteiligten einschneidende Veränderungen. Ich verbrachte einige schlaflose Nächte. Aber nach reiflicher Überlegung fiel mir die Entscheidung dann doch relativ leicht. Und dafür gab es einige ausreichende Gründe: Wir mussten nicht mehr herumreisen, Bugki hatte seine Familie in Wien, ich hatte ebenfalls Heimweh, das Finanzielle war ebenfalls in Ordnung und was von besonderer Wichtigkeit war, Peter Peters und ich kannten uns von Kindesbeinen an. Und das war eine Garantie dafür, dass es keine zwischenmenschlichen Probleme geben würde.

Bis zum heutigen Tag ist es meine Überzeugung, dass sich Erfolg nur dann einstellen kann, wenn intelligente und positiv denkende Menschen ein gemeinsames Ziel verfolgen. Aus diesem Grund habe ich immer versucht, mit bislang unbekannten Kollegen, während der Zusammenarbeit ein freundschaftliches privates Verhältnis aufzubauen. Mit jenen, mit denen es mir gelang, hatte ich immer Erfolg und mit diesen Kollegen habe ich auch noch immer Kontakt.
Probleme und Misserfolge gab es immer nur mit den Dummen. Am 31. August 1962 war unser Engagement in Deutschland beendet und bereits am 2. September spielten wir in der Cobenzl-Bar in Wien. Bereits am nächsten Tag trafen Bugki und ich uns mit Peter- und der Geburt der „3 Lauser" stand nichts mehr im Wege.
Aber das ist eine längere Geschichte.

Am Cobenzl

Die Cobenzl Bar gehörte in der „Inneren Stadt" neben der Splendid Bar und dem Kursalon zu den bekanntesten Betrieben der Familie Hübner und wurde die schönste Bar Wiens genannt. Und das war sie zweifellos auch. Das Ambiente im Inneren war gediegen aber nicht auffallend. Der Blick auf das nächtliche Wien mit seinen flackernden Lichtern, das einem zu Füßen lag, war so außergewöhnlich schön, dass man sich nicht sattsehen konnte.

Am Cobenzl: Bar und Hotel

An der Auffahrt gab es ein Café und etwas weiter oben lag die Bar, ebenfalls mit einer Terrasse ausgestattet. Es spielten immer alternieren zwei Bands wobei es einen fliegenden Wechsel gab. Das heißt, wenn eine der beiden Gruppen Pause hatte, kam zuerst der Schlagzeuger der anderen Band, setzte sich an das Schlagzeug, während der Drummer der ersten Partie noch am Becken weiterspielte, dann kam der Pianist und dann der Rest der Truppe. Der Übergabetitel war die Nummer „TEA FOR TWO", die jeder halbwegs versierte Musiker spielen konnte. Das war in allen Hübner-Betrieben so. Geführt wurde der Betrieb von Herrn Direktor Köhler, einem ehemaligen Eintänzer und alten Monarchisten. Entsprechend war auch die Klientel, die er anzog. Denn obwohl es ja in Österreich laut Verfassung keinen Adel mehr gibt, wimmelte es nur so vor Baronessen, Baronen und Grafen. Und er kannte sie alle. Herr Köhler war als Musikerschreck verschrien. Wie er zu dem Ruf kam, kann ich mir nicht vorstellen, denn wir kamen blendend mit ihm aus. Wahrscheinlich lag das eher an den Musikern selbst. Er beherrschte die Sprache dieser „verdeckten" Adeligen ebenso wie die Musikersprache. Gerade dies machte ihn so sympathisch. Wir konnten mit ihm über Gäste sprechen ohne von diesen verstanden zu werden. Außerdem war er ein phantastischer Tänzer und die schönsten Frauen Wiens waren begeistert, wenn er mit ihnen einen Tanz wagte. So einen Mann habe ich nie mehr getroffen, weshalb ihm hier ein kleines Denkmal gesetzt sei.
Aber zurück zu unserer Arbeit. Diese verlief so, dass wir die meiste Zeit im Café saßen, lachten, würfelten und uns Witze erzählten, während die „Starttruppe" aus Holland die meiste Zeit spielte. Dieser Umstand hielt aber leider nicht sehr lange an. Und das aus folgendem Grund: Die Band war von einer Agentur vermittelt worden und bestand aus zwei Molukken und drei, wie Kindermörder aussehenden, Niederländern. Alle fünf hatten schulterlanges Haar und waren schmuddelig. Eine Rockband wie aus dem Bilderbuch. Dementsprechend war auch ihr Repertoire. All das waren Stiche in die Herzen von Direktor Köhler und seinem Anhang. Die kommerzielle Musik, die wir brachten, kam dafür ausgezeichnet an. Und das war letztlich unser Pech.
Als nach einer Woche die Gäste immer weniger wurden, sprach Direktor Köhler ein Machtwort und die Holländer saßen fortan die meiste Zeit im Kaffeehaus und lachten, während wir spielten. Das bewies mir, dass es nicht immer von Vorteil ist, gut sein zu wollen. Die Holländer wurden dann auch bald fortgeschickt und bis zum Ende des Monats spielten wir allein.
Das war eine sehr harte Zeit, weil Herberth und ich gleichzeitig mit Peter Peters für unseren „3 Lauser" Start beim „Sanften Heinrich" probten.
Der Count Down lief bereits.

Abschied vom Schlagzeug

Die 3 Lauser

Die Geburt

Exakt am 2. Oktober war die Geburtsstunde der „3 Lauser" mit dem ersten Auftritt im Restaurant „Sanfter Heinrich" in der Hüttelbergstraße im 14. Bezirk. Und es war, bedingt durch die Umstände, eine schwere Geburt. Wir mussten in nur vier Wochen ein gemeinsames Repertoire erarbeiten und ein Heurigen-Kabarettprogramm einstudieren. Aber erst einmal ein Programm haben! Ich weiß heute nicht mehr wie, aber all das gelang. Und trotz aller vorangegangenen Schwierigkeiten, war der Premiere ein guter Erfolg beschieden, was den Beginn einer erfolgreichen Karriere bedeutete.

Das Programm dauerte cirka 40 Minuten, und ich erzählte damals einen einzigen Witz. Den allerdings weiß ich heute noch. Das Witzeerzählen war die Aufgabe von Herberth Bugkel, der Akkordeon und Orgel spielte. Peter Peters, der Gitarrist, war der Feschak und Sänger. Ich selbst werkte am Bass und war, wie seinerzeit beim „Kleinen Brettl", der Mann mit dem Gummigesicht. Eine gute Kombination, wie sich später herausstellen sollte. Wir mussten aber an der Länge und der Qualität des Programms feilen. Da wir selbst damals noch keine Texte schrieben, suchten und fanden wir in der Person von Helmut Niesner einen ausgezeichneten Parodienschreiber. Aber auch Herberth Bugkel profilierte sich immer mehr in diesem Genre und lieferte hervorragende Texte. Das alles machte sich mit der Zeit bezahlt, einerseits für den Wirt, Herrn Gareis, dessen Lieblingsphrase war: „Waunn ma voll san brauchert i euch eh net. Da genügt ma a blinder Zitherspüler", aber in jeder Hinsicht auch für uns. Sehr bald sprach man überall in Wien über uns und die Abende waren zwei Wochen im Voraus ausverkauft. Wir waren natürlich schon ein bisschen stolz darauf, denn neben den konkurrenzlosen und bis heute unerreichten „3 Spitzbuben", grenzte diese Tatsache an ein kleines Wunder. Es sollte aber noch besser kommen, nämlich als wir unsere erste Schallplatte aufgenommen hatten.

Im Cornelius
Ich habe in meinem Leben bisher schon eine schier unglaubliche Anzahl von Lokalen frequentiert, aber eines davon hätte nie sterben dürfen: Das Café Cornelius in Wien-Mariahilf. Es war ein Nachtcafé, war bis 4 Uhr früh geöffnet und hatte den unheimlichen Vorteil neben meinem, beziehungsweise vis à vis des Wohnhauses von Peter Peters zu liegen. So mussten wir nach der Arbeit, wenn wir nach Hause kamen, natürlich erst unser „Vorzimmer" betreten das CAFÉ CORNELIUS! Die Einmaligkeit des Lokales lag in seinem Ambiente und den Menschen, die dort arbeiteten. Wenn man das Café betrat, kam man in den

Hauptraum, der bestückt mit alten Kaffeehaustischen war. Rechts gab es eine kleine Theke und dahinter die Küche. Durchquerte man diesen Raum, kam man in einen größeren, welcher den Billardspielern vorbehalten war. Möbliert war er in „Mariahilfer Barock", wie wir es nannten, aber die Billardtische waren erstklassig. Dieser Raum erinnerte mich immer an das Bild „Nachtcafé" von Vincent van Gogh. Das Nonplusultra war aber das kleine Zimmer rechts vom Eingang. Es hieß das „KLUBZIMMER" und war folgendermaßen möbliert: Versteckt in der linken Ecke stand ein flacher Tisch und vier schwere Lederfauteuils, wie in einem englischen Nobelclub. Ansonsen war es außerdem auch noch „eingerichtet". Die Klubecke war die „unsere" und täglich ab einer gewissen Uhrzeit für uns reserviert. Für das Wohl der Gäste sorgten der Chef Hanns Schachner (Kaffeesieder und Textautor) mit seiner Frau, sowie Frau Hedy, die Köchin, und die beiden Ober, Herr Josef und Herr Gerhard. Herr Schachner sah ein bisschen wie ein Kanari mit Brille aus, war aber die Güte in Person und ein großer 3 Lauser Fan. Um seine stets freundliche Frau machten wir uns immer Sorgen, weil sie aussah, als würde sie den nächsten Tag nicht erleben. Sie erlebte aber sogar die Rente und wurde sehr alt. Unser Liebling, die Köchin Hedy, war ein Goldschatz. Sie kam immer aus der Küche heraus, um uns zu begrüßen und sagte dabei mit gedämpfter Stimme, damit es der Chef nicht hören konnte, was nicht frisch war und wir nicht essen sollten. Ihrem berühmten Satz: „Esst's des Gulasch heut net!", setzte ich viele Jahre später in meinem Buch „Weh dem, der's kriegt" als Gedicht ein Denkmal. Bleiben noch die beiden Herren, die keine Kellner, sondern Ober waren. Da war eben zum Einen der Herr Josef, ein kleiner, quirliger Mensch, bei dem man immer in Sorge war, die Zungenspitze würde ihm beim Reden aus dem Mund zu Boden fallen. Er trug bei der Arbeit stets ein weißes Plastiksakko und konnte sich zehn Bestellungen auf einmal merken. Er kannte eine Unmenge lustiger Geschichten und später, als er in Pension war, und nur mehr am Wochenende aushalf, erzählte er Peter und mir jeden Samstag, wie ER, der Herr Josef, in Ischl den Kaiser Franz Josef bedient hatte. Und obwohl wir die Geschichte schon besser auswendig konnten als er selbst, hörten wir ihm immer zu und taten so, als würden wir sie zum ersten Mal hören. Und dann war da noch der Herr Gerhard, ein großer, asketischer Mann, der nur im Frack arbeitete, niemals lachte und ziemlich schwerhörig war. Er erinnerte mich ein wenig an Stummfilmschauspieler Buster Keaton, war aber doppelt so groß wie dieser. Eines Abends nach der Arbeit, es war im Winter 1964 und bitterkalt, saßen wir wieder in unserer Ecke und bestellten bei Herrn Gerhard zwei Tee mit Rum und dazu jeder einen Faschingskrapfen. Endlich, nach langer Wartezeit, erhielten wir unser zwei Tees und dazu, man höre und staune, zwei Mayonnaiseeier. Selbst wenn man die Schwerhörigkeit des guten Mannes einkalkuliert, ist es für mich bis heute ein ungelöstes Rätsel geblieben, ob die Silben

„...apfen" und „..eier" phonetisch ähnlich klingen können. Das COR-NELIUS mit seiner Mannschaft gibt es leider nicht mehr, aber es gibt ein sehr schönes Wienerlied von Walter Hojsa: „Vielleicht gibt's im Himmel a Wiener Café." Sollte ein solches wirklich existieren und die beiden Herrn Ober servieren dort- dann würde ich sehr gerne in den Himmel kommen.

Die erste Schallplatte

Unsere erste Schallplatte nahm Gerhard Bronner mit uns ein seiner Marietta-Bar auf. Es war eine 45-er Scheibe, eine sogenannte EP, also eine „Extended Play" mit vier Titeln. Gerhard Bronner war Techniker, Aufnahmeleiter und Produzent, alles in einer Person. Die „Technik" bestand aus einem Revox Tonbandgerät und einem Mikrophon, welches im Deckel des Pianos, in der Marietta gab es ja ein tägliches Kabarettprogramm, eingeklemmt war. Aber es funktionierte. Die vier Parodien waren von Helmut Niesner, beziehungsweise von Herberth Bugkel und erregten die Gemüter.

Zuallererst den Musikverlag Schneider, wegen nicht erteilter, rechtlicher Genehmigung und zweitens die, der Modeschule Hetzendorf, die zur Abteilung 7 der Wiener Magistratsdirektion gehörte. Die Probleme mit dem Schneider Verlag löste Gerhard Bronner auf seine Art, nämlich musikalisch. Die Platte wurde erneut aufgenommen, diesmal von PREISER RECORDS und wurde dank der Klage der MA 7 zu einem riesigen Verkaufserfolg.

> **Protest gegen eine Parodie:**
> # „Es klappern die Knochen, es klimpert der Blick"
> **Heurigentrio singt anstößiges Lied über Hetzendorfer Mannequins**
>
> Wien (Eigenbericht). Ein „Potpourri über Mannequins und Modeschülerinnen", erdichtet und allabendlich in einem Heurigenlokal in Wien von einem parodistischen Gesangtrio zum Gaudium mancher Gäste vorgetragen, hat den Unwillen der bekannten Schule und der Gemeinde Wien erregt. Denn wie die Modeschülerinnen und Mannequins in diesem Lied wegkommen, ist – darüber sind sich alle „Gegner" einig – einfach unerhört. Noch dazu ist das anstößige Lied seit gestern als Schallplatte auf dem Markt.
>
> Vor drei Monaten hat das Gesangtrio den Text fertiggestellt, und in einem Heurigenlokal in Hütteldorf, in dem die drei Musiker auftreten, fand die Premiere statt. Das Lied beginnt mit den Worten:
>
> Ja, wir sind die Starmodelle von der Wiener Haute Couture, wir san lauter Knocheng'stelle, doch wir können nix dafür...
> (Nach der Melodie „Ja, wir sind die Lichtentaler").
>
> Die zweite Strophe (nach der Melodie: „Es klappert die Mühle am rauschenden Bach") beginnt so:
>
> Es klappern die Knochen, es klimpert der Blick, klick, klick!...
>
> Schließlich kommt der Stein des Anstosses:
>
> In Hetzendorf, im kleinen Schloß, hat man es uns beigebracht...
>
> Diesmal ist die Melodie vom Kerzenlichtwalzer entlehnt, und der weitere Text recht gewagt.
>
> Die über die Grenzen Österreichs hinaus bekannte und anerkannte Modeschule erfuhr davon. Der Direktor alarmierte sofort den zuständigen Kulturreferenten im Rathaus, der seinerseits mit dem Generalsekretär der Gewerkschaft für freie Berufe in Verbindung trat, um die Sache im gütlichen zu regeln.
>
> Während nun Rathaus und Modeschule glaubten, der Konflikt sei beigelegt, das Lied „abgeschafft" oder umgeändert, ließ das Trio eine Schallplatte aufnehmen.
>
> Der Kulturreferent des Rathauses wird sofort nach Erscheinen der Platte seinen Direktor und den Stadtschulrat verständigen, erklärte man dem „Kurier".
>
> „Heute ist die Platte auf den Markt gekommen", erklärte gestern die Schallplattenfirma, bei der die Aufnahme gemacht worden ist, dem „Kurier". Im Rathaus hatte man auf diesen Tag gewartet. Der zuständige Kulturreferent machte sofort der Magistratsdirektion Meldung. In den nächsten Tagen wird man beraten, was man gegen das Spottlied unternehmen kann. Es ist möglich, daß eine Zivilklage und vor allem eine „einstweilige Verfügung" gegen die Plattenfirma und das Heurigentrio angestrengt wird.

Der Aufschrei

Heute würde kein Hahn nach den sogenannten „inkriminierenenden" Textstellen krähen, noch irgendjemand deswegen ein Gericht bemühen. Aber damals schrieben wir erst das Jahr 1963. Um der Angelegenheit den letzten Schliff zu geben, nahmen wir bald darauf eine neue EP mit dem Titel „Mir san ja net von Hetzendorf" auf, was zwischen den Zeilen gelesen auf gut Wienerisch heißt „...es liegt uns total fern zu stänkern..". Der Inhalt unterschied sich nur unwesentlich von dem des ersten Liedes, allerdings mit der Behauptung, dass dies nicht der Wahrheit entspräche. Zum Glück beweisen die Gerichte in solchen Fällen zumeist mehr Humor als so manche Institution. Diese Geschichte war unserer Popularität mehr als zuträglich und brachte uns neben der Arbeit beim „Sanften Heinrich" viele Verpflichtungen ein. Wir traten im Raimundtheater, im Volkstheater, bei Firmenfesten, im Pratervarieté etc. auf. Unser Dank gehörte der MA 7. Es kam das Jahr 64 das eine gravierende Wende auf unserem Weg brachte.

Das Begräbnis

Sommer 1965. Wir waren für eine Nachmittagsveranstaltung in einem Gasthaus in Persenbeug an der Donau gebucht. Wir fuhren nach Ybbs, um dort über die Brücke des Donaukraftwerkes auf die andere Seite der Donau nach Persenbeug zu gelangen. Nachdem wir die Donau überquert hatten und in den Ort eingefahren waren, ging plötzlich nichts mehr. Vor uns bewegte sich ein Leichenzug so langsam, wie sich so eine Menschenschlange eben bewegt, in Richtung unserer Spielstätte. Ich weiß noch, dass wir zeitlich schon knapp dran waren. Ein Überholen war unmöglich. Die einzige Möglichkeit für uns war umzudrehen, über die Donau zurückzufahren und ein Stück donauabwärts den Fluss auf einer anderen Brücke zu überqueren, um dann von der anderen Seite in den Ort einzufahren um in das besagte Gasthaus zu gelan-

Wir waren ihm (Hans Moser) ein bisserl zu wenig wienerisch

gen. Wir drehten also um, fuhren stromabwärts, überquerten die Donau und freuten uns.....zu früh! In der Zwischenzeit hatte der Leichenzug das andere Ortsende erreicht und wir konnten wieder nicht in Persenbeug einfahren. Also machten wieder eine Wende, fuhren zurück, überquerten die Donau beim Kraftwerk und gelangten endlich zum ersehnten Spielort. Die nächste Überraschung wartete allerdings schon auf uns, denn in der Gaststube saßen außer dem Wirt nur zwei Frauen, die aus Altersgründen nicht am Begräbnis hatten teilnehmen können – und es war nicht eine einzige Karte verkauft. Was war geschehen? Einer der Honoratioren des Ortes war verstorben und alles was sich bewegen konnte, musste natürlich an der Beerdigung teilnehmen. Obwohl der eine oder andere vielleicht doch lieber die 3 Lauser gesehen und gehört hätte. Fazit: Persenbeug begrub einen seiner Söhne und wir die Aussicht auf Gage.

Kein „Kaas" am Kaasgraben

Nachdem wir also den Gerichten erfolgreich entkommen waren, war unsere Popularität, wie schon erwähnt, aber derart gestiegen, dass wir von der Direktion der „Backhendlstation am Kaasgraben", im Volksmund „Der Setzger" genannt, ein Angebot erhielten, welches wir nicht ablehnen konnten. Wir blieben noch bis zum 9. Februar 1964 in Hütteldorf und bezogen am 1. März unser neues Domizil in Grinzing. Und wieder hatten wir nur vier Wochen Zeit, um ein neues Programm einzustudieren.
Diesmal ging aber alles viel leichter über die Bühne. Wir hatten ein reichhaltiges musikalisches Repertoire und gute Nummern für ein abendfüllendes Programm. Anlässlich der Premiere war enorm viel Prominenz anwesend, unter anderem als Ehrengast Hans Moser mit seiner Gattin, dem es zwar recht gut gefiel, aber doch ein bisserl zu wenig wienerisch war. Bald darauf nahmen wir bei PREISER RECORDS unsere erste Langspielplatte auf, der noch viele folgen sollten.
Woran ich mich heute noch gerne erinnere, ist das wunderbare Betriebsklima, das am Kaasgraben herrschte. Ein ähnlich Gutes erlebte ich später nur noch während meiner Jahre in München. Sonst nirgendwo.
Der Besitzer war Konsul Naschitz, ein eleganter Mann, ein HERR vom Scheitel bis zur Sohle. Gütig und großzügig. Unsere unmittelbaren Chefs waren seine beide Direktoren Rudi Blumauer und sein Schwiegersohn Bohdan de Wiczkowski. Mit beiden verband mich bis zu deren viel zu frühen Tod eine tiefe Freundschaft. Vier wunderbare Jahre arbeiteten wir mit Freude und Erfolg am Kaasgraben. Als Konsul Naschitz verstarb, verkauften die Erben die Backhendlstation und wir zogen wieder ein Häuschen weiter. Allerdings kamen wir noch einmal zurück, aber davon später.

Jürgen E. Schmidt, Ernst Waldbrunn und ich

Während dieser Zeit kamen unglaublich viele Prominente, um unsere Programme zu sehen. Ich will hier nur einige anführen: den ehemaligen Bundeskanzler Josef Klaus, den Salzburger Landeshauptmann Lechner, ein erklärter Lauserfan, Verkehrsminister Probst, der Prinz von Kuwait, Fritz Muliar, Ernst Waldbrunn, Helmut Qualtinger, Marianne Schönauer und, und, und.... Selbstverständlich auch alles was damals im Sport Rang und Namen hatte.

Unser erklärter Lieblingsstammgast war aber unser damaliger Aufnahmeleiter und mein jetziger Produzent Jürgen E. Schmidt. Er führte mich damals im berühmten „GUTRUF" in der Milchgasse ein und ihm verdanke ich meine Bekanntschaft mit Helmut Qualtinger und vielen anderen Größen aller Kunstrichtungen. Er war mit allen per du und machte mich irgendwie zu einem Zeitzeugen des „Gutruf" des Hannes Hoffmann. Es war die Zeit des, wie man heute sagen würde, „One and only Gutruf". Und heute, wo wir wie Jürgen Schmidt sagt „zwei ganz normale Professoren sind", sind wir noch immer Freunde! Und dies erfüllt mich mit großem Stolz.

Die erste LP

Unsere erste Fernsehsendung

Beim Fernsehen

Nachdem wir bereits von Heinz Conrads in seiner Samstagsendung „WAS GIBT ES NEUES?" vorgestellt worden waren, erhielten wir Ende April 1964 einen eigenen Sendetermin. Eine Tageszeitung schrieb damals: „Bei seiner Suche nach neuen Kräften – die meist so intensiv wir ergebnislos verlief – glaubt Unterhaltungschef Karl Lackner nun in den 3 Lausern Künstler gefunden zu haben, die einen Versuch wert sind." Dieser Versuch hat sich scheinbar gelohnt, denn es folgten noch 12 Sendungen mit Heinz Conrads und viele eigene.

An eine Episode, die während der Aufnahmen zu unserer ersten Sendung passierte, erinnere ich ungern zurück. Die Sendung wurde vor Publikum aufgezeichnet, und da wir nur 30 Minuten Sendezeit zur Verfügung hatten, konnte man für diesen kurzen Zeitraum natürlich kein Publikum in das kleine Theater in der Dorotheergasse einladen. Also kamen wir dran, bevor Karl Farkas seine Bilanz des Monats oder der Saison aufzeichnete. Allerdings nur beim allerersten Mal. Denn als das im Kasten war, beschwerte sich Farkas bei TV-Unterhaltungschef Lackner darüber, dass wir vor ihm dran gekommen waren und drohte, wenn sich das wiederhole, gar nicht aufzutreten. So kam es, dass Peter Hey, der Regisseur, nach dem Meister vor den Vorhang trat und das Publikum bat, auf den Plätzen zu bleiben, da anschließend noch drei junge Künstler ihre Sendung aufzeichnen würden. Ein anderer als Karl Farkas hätte dem Nachwuchs wahrscheinlich Mut zugesprochen und ihn unterstützt. Er aber war auf jeden, der atmete und Erfolg hatte, eifersüchtig und legte noch dazu einen krankhaften Ehrgeiz an den Tag. Ich werde bis heute den Verdacht nicht los, dass er sich in seiner Eitelkeit sogar verbeugte, wenn der Regen ans Fenster klatschte. Diese Reihenfolge der Aufzeichnungen in der Dorotheergasse wurde so lange beibehalten, bis wir unsere Sendungen in den großen Hallen am Rosenhügel drehten. Der Vorteil als „Schlusslicht" aufzuzeichnen war aber der, dass wir nach der Aufzeichnung mit den Kameraleuten und Technikern zum nebenan liegenden Reinthaler gegen konnten. Und das mache ich mit großer Begeisterung auch heute noch.

Burschi und der kleine Gardeoffizier

Wenn man sich die Frage stellt, wer Burschi ist und wer der Gardeoffizier, und was sie miteinander zu tun hätten, so ist diese Frage leicht zu beantworten.

Burschi war ich und „Der kleine Gardeoffizier" ist ein Lied von Robert Stolz. Im Jahr 1964 zeichneten wir unsere erste eigene Fernsehsendung mit dem Titel „Eine vergnügliche Reise mit Musik und Humor" auf. Der Regisseur bei dieser und auch allen nachfolgenden war Peter Hey, vom „Simpel". Er war ein ausgezeichneter Regisseur, Schauspieler und auch noch Texter. Dazu ein freundlicher Mensch mit viel Verständnis für uns Debutanten. Meine Kollegen Peter Peters und Herberth Bugkel nannte er ganz normal bei ihren Namen, aber zu mir sagte er immer Burschi. Es war mir rätselhaft warum, ich war immerhin bereits 26 Jahre alt. Ich hasste dieses Wort, fand aber als Debutant wäre es klüger nicht aufzubegehren. Während der Probe fiel Herrn Hey plötzlich ein, dass in die Szene ein Wiener Werkelmann hineinpassen würde und er sagte zu mir: „Burschi, du spielst den Werkler und singst dazu ein Lied. Kannst du den Gardeoffizier?" Da dies ja nicht im Drehbuch stand, hatte ich natürlich keine Ahnung. „Wir drehen das morgen," sagte er. Ich lernte über Nacht den Text und war am nächsten Tag perfekt vorbereitet. Inzwischen hatte man ein Werkel aufgebaut. Ich wurde als Werkelmann adaptiert und ich begann das Lied zu singen und drehte die Leier. Peter Hey unterbrach sofort: „Burschi, sing net Offizier, sondern Hapfazier!" Also sang ich: ....adieu mein kleiner Gardehapfazier, adieu, adieu..." Und schon unterbrach er mich wieder. Das war nämlich der gesamte Text, den ich zu singen hatte. So weit wäre ich auch gekommen, wenn ich mir die Nacht nicht um die Ohren geschlagen hätte, um die ganze Nummer auswendig zu lernen. Zum Glück haben meine beiden Kollegen nicht gelacht. – HA HA HA!

Der verschwundene Kameramann

Folgende Episode passierte anlässlich der Aufzeichnung unserer Fernsehsendung „Heiterer Sing-Sang mit prosaischen Überleitungen". Drehort war wie immer das kleine Theater in der Dorotheergasse neben dem berühmten Café Hawelka und Reinthaler's Beisl, wo zu dieser Zeit noch unser heißgeliebter „Reiter-Vater" der Wirt war. Diese kleine Bühne war im Keller des „EROTISCHEN THEATERS" untergebracht und vor unseren Auftritten zeichnete immer Karl Farkas seine „Bilanz des Monats" mit den bis heute unerreichten Doppelconférencen mit Ernst Waldbrunn auf. Der Übertragungswagen stand in der Dorotheergasse und alles andere war im Keller untergebracht. Farbfernsehen gab es noch nicht. Ein Tag gehörte den technischen Proben und dann folgten drei Aufzeichnungen, von denen dann die beste ausgestrahlt wurde. Nach der Farkas-Aufzeichnung trat Regisseur

Peter Hey vor den Vorhang und veranlasste das Publikum sitzen zu bleiben, da noch die 3 Lauser usw...
Wir standen unsichtbar hinter dem Vorhang und warteten darauf, dass der Vorhang aufginge. Wir standen aber nicht in der Bühnenmitte, sondern links und rechts in der „Gasse" und wussten nicht, wann wir losmarschieren sollten. Deshalb war Folgendes vereinbart: Der Mann an Kamera 3 bekommt aus dem Regiewagen über Kopfhörer das Signal „Ton läuft", gibt dieses mittels Heben seines Armes an meine beiden Kollegen weiter, diese beginnen in Richtung Bühnenmitte zu gehen und ich, im toten Winkel stehend, marschiere ebenfalls los. In der Mitte treffen wir uns und beginnen. So weit-so gut. Der Vorhang geht auf, meine Kollegen warten auf das Zeichen des Kameramanns, ich warte darauf, dass sie losmarschieren, aber nichts passiert. Eine lähmende Stille tritt ein. Die Nervosität steigt – aber es geschieht nichts! Plötzlich tönt aus den Lautsprechern die Stimme des Regisseurs: „Warten die drei Herren etwa auf die nächste Völkerwanderung?" Augenblicklich brach im Zuschauerraum ungeheures Gelächter aus. Wenn man in so einer Situation schuldlos dasteht wie ein begossener Pudel, ist das für das Image und die Konzentration sicher nicht förderlich. Wie aber war es zu dieser Situation gekommen? Der Kameramann, mit dem der Anruf vereinbart worden war, hatte plötzlich Durchfall bekommen, die Kamera seinem Assistenten übergeben, und panikartig seinen Platz in Richtung „Erleichterung" verlassen und dabei vergessen, seinem Kollegen das Vereinbarte mitzuteilen. Rückblickend kann ich zu dieser Situation nur sagen: „Eine ziemliche Scheiße war das damals,"

Es läuft die Zeit im Sauseschritt...

... schrieb einst Wilhelm Busch, und das galt auch für uns drei. Wir nahmen weitere Schallplatten auf. Eine davon war angeblich sogar gefährlich..(lt. einer Zeitung). Wir waren ständige Gäste im Radio, tra-

Ein sentimentales Wiederlied

ten im ZDF, im Finnischen und auch weiter im Österreichischen Fernsehen auf und spielten bei unzähligen Veranstaltungen. Aber 1965 brachte nicht nur Positives. Das Haus in Mariahilf, in welchem ich aufgewachsen war, musste einem hässlichen Neubau weichen und wurde abgerissen und ich wurde delogiert. Natürlich war das Verlassen der Souterrain-Wohnung, die ich von meiner Mutter, die schon

längst in den 12. Bezirk nach Meidling übersiedelt war, übernommen hatte, kein großer Verlust. Wenn man aber so lange dort gewohnt hat wie ich, fällt der Abschied doch nicht ganz so leicht. Aber zum Glück bekam ich eine Wohnung im schönen Bezirk Döbling, wo ich wunderbare neue Freunde fand und viele alte wieder traf. Ich wurde Döblinger mit Leib und Seele und werde ein solcher bleiben, bis ich abberufen werde. Während der Zeit der Abbrucharbeiten rief mich Peter Peters, der ja vis à vis wohnte an und berichtete, ganz oben auf dem Schuttberg stünde als letzter von allen mein Türstock mit der Nummer 36, unserer Wohnungsnummer. Ich packte einen Fotoapparat, rief ein Taxi und fuhr nach Mariahilf. Gerade, als wir von der Amerlinggasse in die Gumpendorferstraße einbogen, riss der Bagger den Türstock vor meinen Augen nieder. Zum Fotografieren war ich leider nicht mehr gekommen. Aber es entstanden dafür zwei sehr schöne Lieder, und zwar „DAS ALTE HAUS IN MARIAHILF", welches Peter Peters mit mir schrieb sowie „DER ALTE TÜRSTOCK", das mir mein Freund Peter Tabar widmete.

Dann im September bildete ich mir ein, heiraten zu müssen. Was sich in der Folge als grobe Fahrlässigkeit herausstellte, da aus dieser Ehe außer Schulden und der Geburt meiner Tochter nichts Erwähnenswertes zu berichten ist. Das Jahr 1966 beendeten wir mit der Heinz Conrads TV-Sendung „200 Jahre Wiener Prater". Weitere Gäste waren Michael Janisch, Kurt Sobotka, Fritz Muliar und die Wiener Sängerknaben.

Das zweite Gesicht
Die folgende Geschichte ereignete sich während der Dreharbeiten zu einer der vielen Heinz Conrads Sendungen, in denen wir mitwirkten. Es war in den „Sechzigern" und mit meinen Nerven stand es nicht zum Besten. Die Proben waren beendet, alle hatte ihre Plätze eingenommen und die Stimme von Herbert Fuchs, dem Hausregisseur von Heinz Conrads, ertönte: „MAZ (Magnetaufzeichnung) läuft!" Kaum hatte die Aufzeichnung begonnen, wurde sie vom Regisseur auch schon wieder unterbrochen und es begann aufs Neue. Nachdem sich dieser Vorgang noch einige Male wiederholt hatte, kam es vom Regieplatz brüllend: "Beim Drehen keine Gesichter schneiden!" Einschließlich mir waren schon alle Mitwirkenden ziemlich sauer, weil wir immer wieder aufs Neue beginnen mussten. „Welcher Depp schneidet denn da dauernd so blöde Gesichter?", fragte ich meine Kollegen Herberth und Peter. Die Antwort lässt sich erahnen. „Du", sagten beide lakonisch. Aufgrund meines ramponierten Nervenkostüms zuckte ich damals ständig mit dem linken Auge und der Wange, was ich selbst aber nicht bemerkte. Ich entschuldigte mich und konnte natürlich aufklären, dass es nicht in meiner Absicht gelegen war, die Arbeiten zu verzögern. Hätten mich die Zuseher zuhause auf dem

Bildschirm in Großaufnahme erlebt, hätten die eventuell angenommen, dass es sich um eine Bildstörung handle. In Bezeug auf mein körperliches Erscheinungsbild war es ja auch eine. Zum Glück habe ich dieses zweite Gesicht wieder verloren und nur diese Geschichte ist davon übrig geblieben.

Unsere Fernsehpräsenz im Jahr 1967 begann wieder mit Heinz Conrads und der Sendung „Hint' beim Alserbach" und wieder gemeinsam mit vielen prominenten Kollegen.

Vorwiegend heiter

Im Mai 1968 zeichneten wir in der Halle 5 am Rosenhügel, der heutigen „Filmstadt Wien" unter der Regie von Georg Lhotzky zwei Fernsehsendungen auf: „Vorwiegend heiter", und eine wienerisch sentimentale mit dem Titel „Auf Zimmerlautstärke".

In der Sendung „Auf Zimmerlautstärke" war der Burgschauspieler Otto Schauer unser Gast und in „Vorwiegend heiter" Linda Feer und ein Kabarettist aus dem Ensemble von Gerhard Bronner, dessen Namen ich leider vergessen habe. So ruhig es in der einen Sendung zuging, so turbulent und heiter war es in der zweiten. Die Dekoration bestand aus verschiedensten Arten von Haustoren, zwischen welchen jeweils die entsprechenden Fenster saßen. Die Tore waren so gestellt, dass sie einen Kreis bildeten, und wurden an der Rückseite von Lattenrosten gestützt, welche mit Pflastersteinen beschwert waren, damit nichts umstürzen konnte. Ich spielte den Grafen Dracula, der sich aus einem Sarg zu erheben hatte, welcher auf einer Art Lafette in der Mitte dieses Rondeaus aufgebaut war. Sich lebendig in einen Sarg legen zu müssen, ist schon kein angenehmes Gefühl. Muss man das aber

Vorwiegend heiter

Vorwiegend heiter

21.05 Wie beim Heurigen darf sich heute abend der P. T. Fernseher fühlen, wenn er sich „ein Glaserl" mit vor den Bildschirm nimmt. Denn die „3 Lauser" — sie begannen vor sechs Jahren in Grinzing und sind jetzt in Dornbach stationiert — werden ihm dazu die „gepfefferte Kost" ins Haus liefern: „Da drunt am Ullrichsbergerl", „Der Vampir von Zeiselmauer" u. a.

Die „3 Lauser" in weiblicher Gesellschaft

noch dazu in einem Draculakostüm tun, fühlt man sich bereits scheintot. Und so fühlte auch ich mich, als ich im Sarg lag. Dazu musste ich mit Finger- und Zehenspitzen den Sargdeckel heben, nach rechts halten, wo er im Off von Bühnenarbeitern im Empfang genommen wurde. Dadurch entstand beim Betrachter der Eindruck, der Sargdeckel würde schweben. Danach musste ich mich aufrichten und blutrünstig blöd schauen. Nachdem wir dies so oft praktiziert hatten, dass ich vor lauter Kraftlosigkeit den Deckel nicht mehr heben und mich auch nicht aufrichten konnte und ich dies dem Regisseur mitteilte, sagte er: „Das kommt sowieso nicht gut, wir machen etwas anderes." Also machten wir etwas anderes. Meine Kollegen Peter und Herberth sangen im Rondeau und ich musste zwischen den Strophen durch die bereits erwähnten Fenster jeweils einen mehr oder weniger lustigen Einwurf machen. Dazu war es aber vonnöten, dass ich hinter der Dekoration agierte. Ich hatte zwei draculische Zähne aus Kunststoff, die ich über meine eigenen stülpte. Da mir die Draculazähne aber nach jedem Satz aus dem Mund fielen, hatte ich hinter den Aufbauten auf jedem Pflasterstein ein

Paar dieser Werkzeuge liegen. Als ginge es um mein Leben, rannte ich von Pflasterstein zu Pflasterstein – es musste ja alles exakt ablaufen- schob mir die künstlichen über die eigenen Zähne, steckte den Kopf durch das jeweilige Fenster, sagte meinen Text und schon ging es weiter. Es ist zwar nicht bewiesen, aber ich nehme stark an, dass ich als Dracula, der erste aus dem Geschlecht der schrecklichen Blutsauger war, der beim Sprechen lispelte.

Nach dieser Kräfte raubenden Nummer fühlte ich mich vor Herrn Lhotzky in Sicherheit; aber weit gefehlt. In einer Szene wurde ein großer Hund gebraucht. Lebendiger war keine aufzutreiben, also wurde ein ausgestopfter herbeigeschafft und hinter die Kulissen gestellt. Im Dunkel trat ich dem Vieh auf die Pfote und erschrak fast zu Tode, weil ich dachte jetzt zerfetze er mich. Aber das war noch nicht genug. Der Hund musste laut wölfisch heulen. Damals gab es noch keine Geräusche-Platten so wie heute die Geräusche-CDs. Also fragte der Regisseur, wer in der Lage wäre, wie ein Wolf zu heulen. Niemand meldete sich. Zum Glück gab es da meinen lieben Freund Herberth Bugkel, der da meinte, der beste Heuler (wenn er damit wenigstens eine kleine Robbe gemeint hätte), den es gäbe, sei der Granditz. Der Regisseur war begeistert. Ich weniger. Nachdem mir wegen dieses Hundes fast das Herz in die Hose gefallen war, musste ich ihn jetzt auch noch stimmlich doubeln. Als Hund wurde ich aber jedenfalls gelobt. Durch das Heulen im Mund trocken geworden, suchte ich die Kantine auf und genehmigte

Als lispelnder Dracula

mir einige Obstler. Nach ein paar Minuten erschienen Alfred Böhm und Otto Schenk, die in einer anderen Halle eine Folge der Sendereihe „Der Untermieter" drehten, als Libellen und erweiterten so meine Kenntnisse der Zoologie. Denn seit dieser Begegnung weiß ich, dass auch Libellen gerne Obstler trinken. Und das finde ich mehr als heiter.

Wir drehten den Film „Wiener Schnitzel", der im April 1967 in den Kinos startete. 1967 war aber leider auch das Jahr, in welchem wir von unserem geliebten „Kaasgraben" Abschied nehem mussten und nach Dornbach in den „Dornbacher Hof" übersiedelten. Des ewigen Blödelns müde, machten wir 1968 eine sehr schöne TV-Sendung mit sentimentalen Wienerliedern. Gast war der Burgschauspieler Johannes Schauer, der einen deutschen Urlauber mimte. Die Sendung hieß „AUF ZIMMERLAUTSTÄRKE" und bewies, dass auch wir in diesem Genre bestehen konnten. Leider gibt es nicht sehr viele Tonträger auf denen wir als Interpreten von Wienerliedern zu finden sind. Aber es gibt sie. Zum Beispiel brachte die damalige „Wiener Zentralsparkasse" fünf

Wiener Volkssänger singen und spielen Wienerlieder

Jahre hindurch als Kundengeschenk eine Wienerliedplatte heraus, die mit prominenten Vertretern des Wienerliedes jeweils nur so bestückt war. Die dritte Langspielplatte aus dieser Serie betitelt sich „FESCH MUASS GEH'N.."Wiener Volkssänger singen und spielen Wienerlieder". Der Umschlag der Platte wurde mittels einer Bleistiftzeichnung von Karl Hodina, mit dem Titel „Strauß Schani, schau oba", gestaltet.

Aber auch auf der LP „Wer das Wienerlied erfunden" sind wir mit einigen Titeln vertreten. Und obwohl ich selbst eine erkleckliche Anzahl von Wienerliedern geschrieben habe und noch immer schreibe, haben wir die wenigsten davon aufgenommen. Zwei Jahre blieben wir im Dornbacher Hof in der „Schwarzenberg Meierei" bei Erika und Rudi Hogl. Ab April 1969 arbeiteten wir noch zusätzlich an den beiden freien Tagen in Klagenfurt-Viktring. Ein hartes Brot, wenn ich daran zurückdenke. Aus Dornbach gäbe es viele Episoden zu erzählen, aber eine erscheint mir besonders erwähnenswert. Wir hatten einen burgenländischen Koch namens Alex, den wir immer sehr bedauerten, weil er ein schlechtes Bein hatte und nicht gut gehen konnte. Aber an einem Wochenende brach das Unheil über den armen Alex herein, weil die Wahrheit ans Tageslicht trat. An den Sams-und Sonntagen kamen stets viele alte Damen zum nachmittägigen Kaffeetrinken und Tortenessen. Nachdem die Beschwerden über die Qualität der Mehlspeisen ständig zunahmen, fragte Hogl den Koch, woran das denn liegen könne. Der Koch zeigte sich ratlos und der Chef kostete die Mehlspeisen einmal selbst und löste dadurch das Rätsel. Es fehlte der Rum, der den Torten den richtigen Geschmack verleihen sollte. Alex ließ die Torten als „Abstinenzlerinnen" dastehen und verwendete den Rum zu seinem eigenen Wohl. Da er das im Übermaß tat, wirkte sein Gang so, als hätte er Irritationen an den Beinen. Und die hatte er zweifellos. Doch nicht aus medizinischen Gründen. Der Küchenchef wurde gegangen und auch wir drei zogen wieder weiter und zwar nach Grinzing, in die Arme von Ing. Hugo Reinprecht, dem damaligen ungekrönten Kaiser dieses weltberühmten Weinortes.

Im Weinbottich
Im Herbst 1970 engagierte uns der ungekrönte Kaiser von Grinzing, Ing. Hugo Reinprecht für sein neues Lokal, den „GRINZINGER WEINBOTTICH". Wir studierten ein neues Programm ein und Reinprecht konnte als Regisseur den Partner von Gerhard Bronner, Dr. Peter Wehle gewinnen. Dr. Wehle steuerte Textbeiträge bei und führte wie gesagt Regie. Eine Nummer, die wir parodierten, war der damalige Hit von Udo Jürgens „Es wird Nacht Senorita...". An den Text erinnere ich mich zwar nicht mehr, aber dafür umso genauer an die Regieanweisung von Peter Wehle. An einer bestimmten Textstelle hatte ich nämlich zu sagen: „Zack Za Lack Zack Zack Zack Zack-Zack Za Lack Zack Zack Zack!"

Nachdem ich mir bei einigen Versuchen fast eine Verstauchung der Zunge zugezogen hatte, sagte ich: „Herr Doktor, bitte net bös sein, ich werde das nicht sagen, denn das ist ein ausgesprochener Schwachsinn." Ich erwartete eine strenge Rüge, aber Wehle sagt nur lakonisch: „Das weiß ich selber, aber mir ist nichts Besseres eingefallen." Mir fiel aber dazu seine Schallplatte „Doktor schützt vor Blödheit nicht", die Wehle mit Gunther Philipp aufgenommen hatte, ein. Und wenn mir heute beim Schreiben nichts einfällt, tröstet mich diese Geschichte. Denn, wenn dies selbst bei einem so hervorragenden Mann wie Peter Wehle passieren kann, sollte das auch für mich Gültigkeit haben.

Mit Regisseur und Texter Dr. Peter Wehle

Seite 11

ADABEI

Erst ganz zum Schluß kramten sie ihren Hit „Grüß Ihna, Frau Jedlicka" aus der großen Juxkiste. Aber da hatten die „3 Lauser" bei der österlichen Wiedereröffnung der total umgekrempelten „Brathendlstation am Kaasgraben" ihr Publikum bereits in der Tasche.

Die „3 Lauser" — der Vergleich mit den „3 Spitzbuben" bleibt natürlich nicht aus — haben an frechem Format gewonnen; Herbert G r a n d i t z ist zum Paradekomiker avanciert. Seine Mimik bewegt sich wie eine Tuchent in der Waschmaschine.

Ganz nebenbei haben die „3 Lauser" für ihre Wiederkehr ein komplett neues Programm maßgeschneidert. Höchst aktuell, denn da gibt's zum Beispiel ein „Wienerlied" direkt aus dem raunzerten Weanaherz produziert:

Also — was gibt's denn Neues in Wien?
Gar nix, nur des Alte wird immer schlimmer.
Wieso? Was ist denn das Alte?
Nau, die Umleitungen, die Absperrungen und die Aufgrabungen.
Ja, weiß denn die Welt, was ein Weanaherz gspürt, wann aus fast jeder Straßn ein Bergwerkel wird.
Es ist alles verstopft und es hilft ka Rezept
und das alles, das tut man dir an,
daß dei Enkerl amal U-Bahn fahren kann ...

Und weil ein solches Lokal nicht ohne „singenden Direktor" auskommt, nahm „Kaasgraben"-Chef Architekt Kurt S c h n e i d e r den Italiener Antonio Lentini, einen der weltberühmten Lentini-Brothers von ehedem, unter Vertrag. Der ist nicht nur genauso klein wie sein „Spitzbuben"-Pendant Walter K e l l e r, sondern auch dessen Schwager. Die Wienerlieder, die er mit leichtem Akzent schmettert,

HAUS DER FRISUR
AUERSPERGSTR. 17

sind einmalig. Mir kamen die Tränen, als er schmetterte: „... un murgn freß ma Schrammeln ..."

Vor lauter Lachen, versteht sich.

Im Weinbottich

ADABEI ..Jetzt schon in der Kronen Zeitung

Das neue Lokal von „Sir Hugo", wie er genannt wurde, hieß "Weinbottich", wurde traditionell wienerisch geführt und wir drei waren für die Unterhaltung zuständig. Zur Eröffnung erhielten wir aus den Händen von Peter Wehle eine „Silberne Schallplatte" für unseren Hit „Grüass Ihna, Frau Jedlicka". Wir blieben so lange bis Reinprecht, ein Mann mit vielen guten und schlechten Ideen auf die Idee kam, wir müssten als Fiaker gekleidet auftreten, mit Peitschen knallen und einen Geiger als vierten Mann dazunehmen. Wir wollten weder das Eine noch das Andere und nahmen das Angebot, wieder in den Kaasgraben zurückzukehren, an.

1971 kam es zur Katastrophe: Unser Domizil wurde durch Brandstiftung total zerstört und wir waren über Nacht obdach- und arbeitslos. Die Küchengehilfin hatte aus unglücklicher Liebe zum Oberkellner den Brand gelegt.

Es war überhaupt ein Jahr der Veränderungen. Nach Gastspielen in Regensburg und Stuttgart und unserer Rückkehr nach Wien, musste uns unser lieber Kollege Herberth Bugkel, der ja von Anfang an dabei gewesen war, aus familiären Gründen leider verlassen. Ihm folgte Tommy Ryniewicz, ein hervorragender Pianist, mit dem ich schon in den Fünfzigern gejazzt hatte. Er hatte nicht viel Zeit, sich mit dem Akkordeon anzufreunden, schaffte dies aber souverän, so dass wir keinen Qualitätsverlust erlitten. Mit ihm starteten wir im Mai in „Chattanooga" am Graben, besser gesagt im dortigen Heurigenstüberl namens „Schlemmerschänke". Anschließend waren wir kurzfristig wieder Gäste bei unserem Freund Hugo Reinprecht in Grinzing, bis wir am 1. Dezember nach Graz gingen und bis Juli 1972 im „Eggenberger Weinstadl" auftraten. Im Februar 72 entdeckte Tommy Ryniewicz den Urbanikeller in der Stempfergasse. Eine äußerst entscheidende Entdeckung, wie sich später herausstellen sollte. Kurz bevor es wieder für ein Jahr nach Wien ging, lernte ich Daniela, meine zweite Frau kennen und nahm sie sicherheitshalber gleich mit nach Wien. Im gleichen Jahr wurde ich endlich geschieden und fühlte mich „...frei wia a Vogerl am Bam", wie es im gleichnamigen Lied von Karl Hodina heißt. Nach dem zweiten Engagement im „Chattanooga" ging es wieder

Die Katastrophe

SAMSTAG, 17. APRIL 1971

Großalarm in Grinzing: Restaurant wurde durch Feuer zerstört

Pächterin saß während des Brandes beim Heurigen

Wien (Eigenbericht). In der Nacht zum Freitag stand über dem Heurigenort Grinzing heller Feuerschein: Das bekannte Kaasgraben-Restaurant wurde durch einen Großbrand zerstört.

Wie bereits in der Freitag-Mittagausgabe berichtet, wurde das Feuer von Bewohnern des Nachbarhauses in der Ettingshausengasse 8 entdeckt. Sie alarmierten sofort die Feuerwehr.

Als die Feuerwehr mit insgesamt 20 Einsatzfahrzeugen am Brandort eintraf, stand das Restaurant in hellen Flammen. Außer einer Angestellten, der 45jährigen Frederike R i e d e r, befand sich niemand mehr im Haus. Die Gäste waren bereits gegangen, die Pächterin, die 33jährige Edith S i e g e l, hatte nach der Sperrstunde einen Heurigen aufgesucht. Frederike Rieder wurde über eine Magirusleiter geborgen.

Die Feuerwehr konnte den Brand innerhalb einer Stunde lokalisieren, das Restaurant war aber nicht mehr zu retten.

Durch das Feuer wurde auch die gesamte elektrische Anlage der „Drei Lauser" zerstört. Die Musiker sollten am Samstag im Kaasgraben-Restaurant auftreten.

Die Höhe des Sachschadens ist nicht genauest bekannt.

auf Achse und ich fühlte mich schon langsam wie ein Odysseus des Heurigenkabaretts. Wir gastierten in Zell am See, Innsbruck, St. Anton sowie in Bregenz und landeten letztlich wieder im Weingut Reinprecht. Danach kam es zur Trennung von meinen Freunden Peter und Tommy. Beide wollten aus familiären Gründen in Wien bleiben und ich in Graz. Wir trennten uns in aller Freundschaft und ich nahm den Namen „3 Lauser" samt meiner Daniela nach Graz mit, wo ich sie im Dezember 73 heiratete.

Im Kampf gegen „Politessensong": Polizei schoß sich ein Eigentor

Nicht der „Politessensong" der Grazer Stimmungskanonen „Die drei Lauser" ist derzeit Lachschlager Nummer eins in Graz, sondern eher die Ambitionen einiger hochgestellter Polizeibeamter: sie wollen dieses Lied unter allen Umständen aus dem Repertoire der Lauser streichen lassen, weil es „dem Ruf einer ganzen Berufsgruppe schadet".

Die Personalvertretung der Polizei war empört, als sich den Text dieses Liedes zu Gemüte führte und unter anderem in der dritten Strophe folgende Stelle vernahm: „Vom Griesplatz bis zum Münchner Hof, ja das ist mein Revier, dort kenn' ich alle Fahrer schon, wenn ich dort zirkulier..."

Sofort veranlaßte man polizeiliche Maßnahmen.

Das Schicksal aber schlug den polizeilichen Moralhütern ein arges Schnippchen: so unrecht hatte näm-

Von Markus Ruthardt

lich Textautor Herbert Granditz gar nicht, als er dieses Lied schrieb. Da wurde doch tatsächlich kurze Zeit später, im April heurigen Jahres, eine Politesse entlassen, nachdem man erfahren hatte, daß sie nebenberuflich sehr wohl „zirkulierte" und jeweils nach Dienstschluß einem „uralten Gewerbe" nachging ...

Peinlich, peinlich!

Auch die Textstelle „Ich kassiere dort seit Jahren, die Umsätz san enorm! I hab die Tour schon früher gmacht, nur in einer andern Uniform", bereitet den Politessenschützern arge Kopfzerbrechen. Vor allem seit man weiß, daß sich die Kriminalpolizei derzeit tatsächlich mit einer Politesse beschäftigt, die nicht nur Strafzettel kassiert haben soll. Die 19jährige Dame steht im dringenden Verdacht, sich von einigen Personen mehr als 10.000 Schilling geborgt zu haben, allerdings in der Absicht, das Geld überhaupt nicht mehr zurückzugeben. Auch diese Dame wird nun entlassen.

Es dürfte also nicht leicht sein, das angeknackste Image der Grazer Politessen aufzupolieren. Schon gar nicht aber damit, daß man den Verfasser eines kabarettistischen Liedes vor den Staatsanwalt bringen will. Wie unangenehm, wenn sich herausstellt, daß ein Großteil der Textstellen gar nicht so aus der Luft gegriffen ist.

„Oberlauser" Herbert Granditz jedenfalls läßt sich durch die angedrohten Sanktionen seitens der Polizei nicht im geringsten erschüttern. Es wurde ihm bereits zugeflüstert, er habe nichts zu befürchten, wenn er

trögl' machen wir uns über Politiker und andere, im öffentlichen Leben stehende Persönlichkeiten auf die gleiche Art lustig wie über die Politessen. Bisher hat sich noch niemand darüber beschwert. Warum sollen wir die Politessen bevorzugt behandeln?"

Ganz Graz amüsiert sich jedenfalls über das „diplomatische Kabinettstück" einiger Polizeimoralhüter, die sich damit ein gewaltiges Eigentor geschossen haben. Selbst viele Kriminalbeamte finden das Verhalten ihrer Vorgesetzten blamabel, denn: Man soll doch bekanntlich nicht mit Steinen werfen, wenn man selbst im Glashaus sitzt...

Repertoire streicht. Daran aber denkt der Humorist nicht im entferntesten: „In unserem Programm im ‚Futter-

Das Eigentor

Im Futtertrögl

Jetzt saß ich, meinem Wunsch entsprechend, in Graz, hatte ein Engagement, aber kein Trio. Also musste ich eine neue Truppe zusammenstellen. Dies war aber gar nicht so einfach. Ich kannte damals die musikalische Szene in Graz natürlich noch nicht so gut wie heute, und gute Musiker sind immer Mangelware. Schließlich fand ich mit Manfred Kothgasser einen guten Akkordeonspieler, bei dem auch, was ja nicht unwesentlich ist, der menschliche Aspekt passte. Dazu gesellte sich kurzfristig als Notlösung ein gewisser Heli Richter, als „Gitarrenzupfer". Aber bekanntlich frisst ja auch der Teufel in der Not eine Fliege. Nach kurzer, aber umso intensiverer Probenarbeit kam es in dieser Besetzung am 29. März 1974 zur Premiere im Restaurant „Futtertrögl", in der Grazer Keesgasse. Trotz der kurzen Probenarbeit konnte man dennoch von einer geglückten Premiere sprechen. Was mich aber mit großem Stolz erfüllte war, dass fürderhin jede „3 Lauser" Premiere in Graz zu den gesellschaftlichen Ereignissen zählte. A propos Ereignisse: Ein mich betreffendes Ereignis beschäftigte die Grazer Öffentlichkeit, einige ‚höhere' Herren der Grazer Polizei, das Bezirksgericht und die Presse mehr als zwei Monate lang. Ich hatte für das „Futtertrögl" ein neues Programm geschrieben, welches unter anderem ein Couplet beinhaltete, welches wir schon in Wien gesungen hatten. Der Einfachheit halber tauschte ich die Wiener Örtlichkeiten gegen solche in Graz aus und schwupp, schon war eine neue Nummer entstanden. Inhaltlich ging es dabei um abkassierende Politessen. Und einige Moralhüter der Grazer Polizei fühlten sich bemüßigt, stellvertretend für ihre Schützlinge, beleidigt zu sein, obwohl Politessen nicht der Polizei angehörten, sondern Vertragsbedienstete waren.

Den jungen Jungen Damen sei hier anzurechnen, dass sie sich gar nicht beleidigt gefühlt hatten, sondern auf Druck gewisser Herren handel-

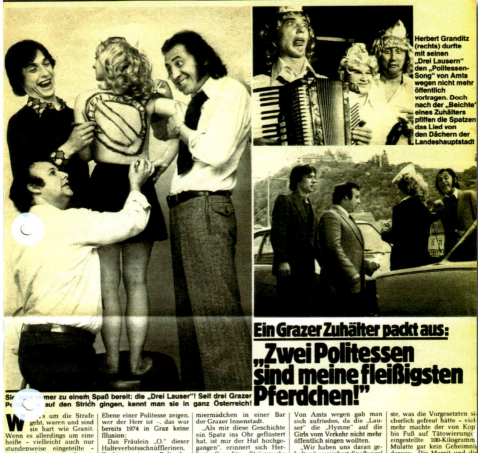

Der Wahrheitsbeweis

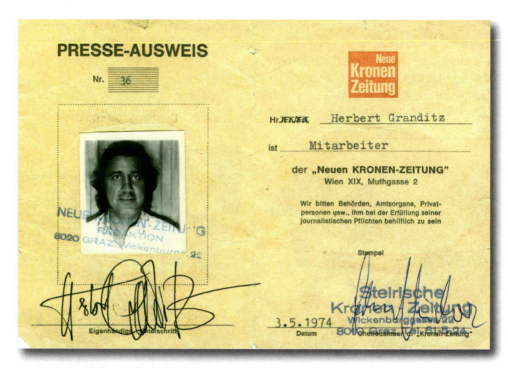

Presseausweis Kronenzeitung

ten und es kam, wie es so schön heißt, zu einer sogenannten Ermächtigungsklage gegen mich als Verfasser des Textes. Allerdings mussten auch meine beiden Mitstreiter vor Gericht antreten, obwohl sie ja nur interpretierten, was ich geschrieben hatte. Ein besonderer Kenner dieses Falles war ein gewisser Revierinspektor Thurnschegg vom damaligen Wachzimmer Opernring. Er hatte die Dienstaufsicht über die jungen Damen und sagte in einem Interview mit der heute nicht mehr existierenden, angeblich unabhängigen Wochenzeitung „GRAZER SAMSTAG" er hoffe, dass die Schallplatte verboten werde. Dieses Couplet wurde nie auf Platte aufgenommen. Aber vielleicht aber hätten die Herren „Zeitungsschapseln", wie auf gut Wienerisch solche Schreiberlinge bezeichnet werden, besser recherchieren sollen. Ich wurde also von Kriminalbeamten einvernommen, die wahrscheinlich Besseres zu tun gehabt hätten, wurde vom Staatsanwalt angeklagt und musste vor den Richter treten. Herausgekommen ist dabei nichts – es kam zu einer außergerichtlichen Einigung. Die Damen zogen ihre Klage zurück und nicht wenige kamen zu uns, um sich das Lied einmal persönlich anzuhören. Dank des medialen Echos waren wir auf Wochen im Voraus ausverkauft und ich schrieb einen neuen Politessensong mit gleichem Inhalt, aber wieder mit der Betonung, dass dies alles gar nicht stimme. So, wie es in diesen Fällen eben üblich ist.

Aber das Jahr 1974 hatte noch einiges für mich im Köcher: Ich wurde Mitarbeiter der KRONEN-ZEITUNG und blieb dies unglaubliche 16

Jahre lang. Ich schrieb täglich einen „Steirischen G'spass", der bei den Lesern so beliebt war, dass ein Buch und eine Langspielplatte gleichen Titels produziert wurden.

Zusätzlich war ich auch noch eine Zeit lang in der Sportredaktion tätig und schrieb unter dem Titel „Der Wadlbeißer" Glossen über den Steirischen Sportalltag, sowie in „Gerichtsgeschichten" Stories über Fußballersünden.

Fisch....Bein
Wir hatten eine Schallplatte mit dem Titel „SCHAU, DA LIEGT A TOTER FISCH IM WASSER" aufgenommen. Die Fotos für die Plattenhülle machten wir irgendwo in der Nähe von Wiener Neustadt. Alles, was Angler so brauchen, hatte das Fototeam mitgebracht. Dazu gehörte natürlich auch ein Paar Fischerstiefel. Da zu solchen Anlässen immer mir die „dankbaren" Aufgaben zugeteilt wurden, war es auch an diesem Tag nicht anders. Ich zog mir also diese überlangen Gummiröhrlinge über mein normales Schuhwerk und meine Jeans und stieg ins Wasser. Selbstverständlich ist so eine Session nicht nach einigen Minuten vorüber. Ich stand schon längere Zeit im kalten Wasser, als sich in meinem linken Bein langsam aber unaufhörlich ein schreckliches Gefühl hochzuschleichen begann. Mein linkes Bein hatte angefangen abzusterben. Entsetzlich! Und ich schrie: „Wegen dem depperten Fisch stirbt mei Haxen. Holts mi ausse aus der Lacken!". Ich war überzeugt davon, dass ich, wenn ich auch nur noch einen Schritt mache, umknicken und ertrinken würde, obwohl dieser Bach oder Kanal, beziehungsweise sein Wasser, mir nur bis zu den Knien reichte. Man holte mich raus, ich zog mir augenblicklich die Stiefel aus und siehe da, mein Bein war nicht „gestorben"-ich konnte es bewegen. Die Erklärung dafür war natürlich so einfach, dass es einfacher schon nicht mehr ging. Der linke Stiefel hatte ein Löchlein durch welches das Wasser eindrang und langsam nach oben stieg. Ich hatte wieder einmal für Lacher gesorgt. Diesmal allerdings auf andere Art. Immerhin konnte ich anstatt „Wie eiskalt ist dies Händchen" singen „Wie eiskalt ist dies Beinchen!"

In der Gruppe gab es mit dem Engagement des Wiener Gitarristen Pauli Hinterhauser die lang ersehnte Umbesetzung. Anfang September gab es wieder eine erfolgreiche Premiere im „Futtertrögl", sowie eine Liveaufnahme daselbst, sowie zwei Singleproduktionen im Studio. 1976 war das Jahr der Trennungen. Nach einer Auseinandersetzung mit dem Futtertröglgeschäftsführer Adolf Jopp verließen wir den Laden und hatten dadurch die Möglichkeit lukrative Angebote anzunehmen, die wir bisher aus Terminmangel immer hatten ablehnen müssen. Dazu war es aber nötig, viel zu reisen. Dies wiederum wollte Mandy Kothgasser nicht mehr und verließ die Gruppe. Nach ihm kam kurzzeitig ein Mann aus der Weststeiermark, dessen Namen ich vergessen habe.

Aber nicht vergessen habe ich etwas, das meine Arbeit fürderhin ganz schön durchbeuteln sollte. Ich hatte einige Zeit zuvor mit meinem sehr kunstsinnigen Schwiegervater in der Galerie Moser in Graz eine Ausstellung des bekannten Hinterglasmalers Ivan Generalic besucht und war begeistert. Dabei fiel mir ein, dass ich diese Technik ja seinerzeit im Gymnasium erlernt und damit bei einem Wettbewerb sogar einen Preis eingeheimst hatte. Ich setzte mich also zuhause hin und begann als Ausgleich und Liebhaberei Hinterglasbilder mit sakralen Themen zu malen, die ich dann an Freunde und Bekannte verschenkte. Mit der Zeit wurde ich besser und wagte mich schon an andere Motive heran, aber alles ohne kommerziellen Hintergrund. Ich hatte meiner Freundin Dina Amerini, einer bekannten italienischen Malerin aus Rom versprochen, mich in Graz um eine Möglichkeit für eine Ausstellung umzusehen. Bei der Steiermärkischen Sparkasse hatte ich auch Erfolg. Nur wollte man dazu zusätzlich einen einheimischen Künstler ausstellen, der in der Öffentlichkeit bekannt war. Ich fühlte mich weit davon entfernt, diese Kriterien zu erfüllen, wollte aber meiner Freundin behilflich sein. Mein Freund, Landesrat und Präsident der „Steiermärkischen", Anton Peltzmann jedoch, wusste, dass ich malte und ließ mir keine Chance. Also stellte ich gemeinsam mit Dina Amerini in der Filale am Eisernen Tor ein paar Bilder aus. Damit wäre für mich die Angelegenheit auch schon wieder erledigt gewesen. Aber bald kam ein Angebot für eine neuerliche Ausstellung. In dieser Tonart ging es weiter und in der Zwischenzeit habe ich es auf cirka 80 Ausstellungen im In- und Ausland gebracht. Meine Bilder hängen in vielen Ländern Europas und in Übersee. Ich betrachte mich natürlich als Autodidakt, der aber auch seine Liebhaberei im Griff haben will. Deshalb bildete ich mich auch in anderen Techniken, die ich erlernt hatte, weiter und male nur mehr ganz selten in der Hinterglastechnik. Acryl und Aquarell, beziehungsweise Federzeichnungen, sind heute die von mir bevorzugten Techniken. Trotz aller Erfolge wird die Malerei auch weiterhin nur eine Liebhaberei bleiben, was mir umso leichter fällt, wenn ich die Bilder anderer betrachte. Schließlich bin ich ja nur ein malender Kabarettist, der aber auch im Rahmen seiner malenden Tätigkeit versucht, sich so gut zu präsentieren, wie es ihm möglich ist.

Kleine Galerie

Provence

Katze

Disteln

Pulcinella und Schwester

Der letzte Vogel

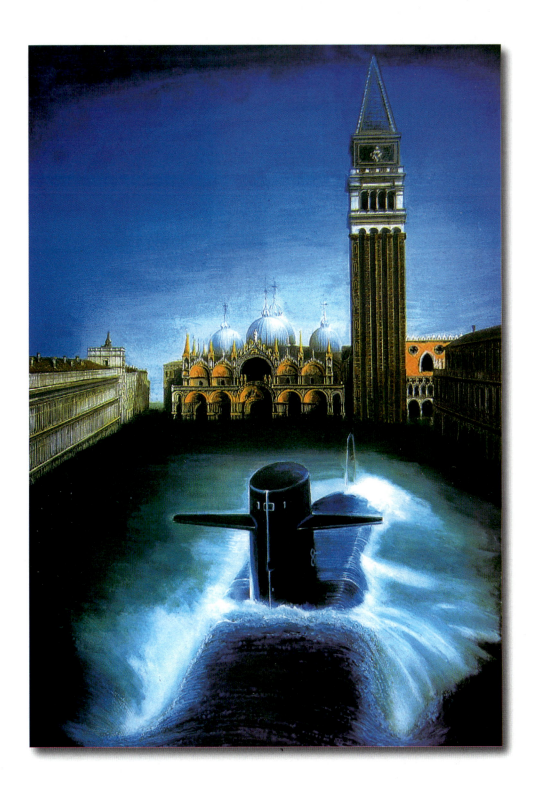

Venedig 3000

Der Affenbrotbaum

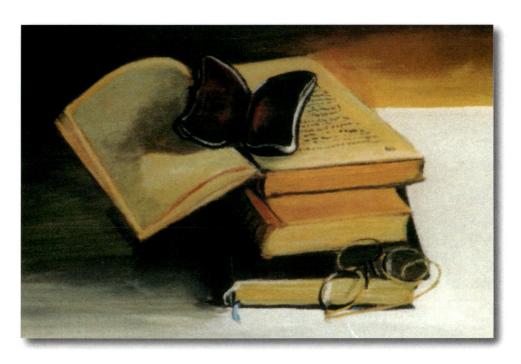

Stilleben mit Büchern

Phrasendrescher (Politiker)

Der Alte

3 Lauser on the Road

Zu Beginn des Jahres 1977 stieß mit Peter Tabar endlich ein genialer Musiker zu uns. Auch er war, wie seinerzeit Tommy Ryniewicz, Pianist und vor allem Keyboarder, und hatte keine Akkordeonerfahrung. Aber bei ihm war das ebenso wenig ein Problem wie bei Tommy. Peter hatte viele Jahre mit Mandy und den Bambies die Welt bereist und betrat bei uns natürlich Neuland.
Wir trafen uns in Erich Müllers „Urbani-Keller". Ich hatte mir den Keller in der Zwischenzeit als Grazer Zweitwohnsitz auserkoren und fühlte mich dadurch automatisch mit Müller „verlobt". Diese „Verlobungsphase" mutierte sehr bald zu einer bis heute anhaltenden tiefen Freundschaft. Und wenn wir beide keine Frauen ins Haus genommen hätten, hätten wir wahrscheinlich irgendwann geheiratet. An dieser Stelle sei vermerkt, dass ich über Erich Müller und mich ein eigenes Buch schreiben könnte. Aber zurück zu Peter Tabar, in der Folge, ob seiner „südländischen" Erscheinung von mir bis heute liebevoll „Der weiße Hai" genannt. Dieser Spitzname, wurde immerhin beim Publikum sein Markenzeichen. Und das passiert nur bei Menschen mit Charisma und Charakter. Wie trafen uns also, wie gesagt, im Urbanikeller und waren uns ziemlich schnell einig.
An der Wand hing eine kleine Ziehharmonika und ich forderte ihn auf, uns darauf etwas vorzuspielen. Peter nahm das Instrument und spielte einfach drauflos. Jahre später gestand er mir, dass er bis zu diesem Zusammentreffen so ein Instrument noch nicht einmal in der Hand gehabt hatte. Ein Problem hatten wir aber noch zu lösen, denn er absolvierte in Wien gerade seinen Grundwehrdienst, ich brauchte ihn aber in Graz. Also ‚ließ' ich ihn unter dem Motto „Das Telefon (m)ein Segen", nach Graz versetzen. Nun stand unserer Zusammenarbeit, die bis heute nicht beendet ist, nichts mehr im Wege und im Februar war Premiere im „Weinstadl" in Eggenberg. Die Ereignisse überschlugen sich. Im April spielten wir anlässlich der Eröffnung von Annemarie Pröll's Café in Kleinarl.

Mit Annemarie Moser-Pröll zur Eröffnung ihres Cafés

Im September feierte die „Steirerkrone"-Belegschaft ihren fünften Geburtstag im Weinstadl und im Oktober feierten wir im ausverkauften Stephaniensaal unser 15-jähriges Bestehen. Zusätzlich fand im September die Premiere eines neuen Programmes statt. Im Februar des folgenden Jahres gab es schon wieder ein neues Programm und im April 1978 startete ich zusammen mit der Kronen Zeitung die Aktion „Die schönsten Grazer Lieder" und produzierte eine Langspielplatte für gehörgeschädigte Kinder in der Steiermark. Außerdem feierte ich fünf Jahre „Steirischer G'spass" mit dem 1800-sten Witz. Am 21. Mai bra-

Im interessanten Jerusalem

chen wir in Richtung Genua auf, wo wir an Bord der ‚Italia' gingen, um während einer zweiwöchigen Kreuzfahrt zwei Galaabende zu geben. Die Reise führte uns nach Ägypten, Israel, Malta, Kreta und zurück nach Italien. Wir fuhren bei einem Landausflug durch die Libysche Wüste, sangen in Israel, durchquerten den Suezkanal, tranken in Kairo Scotch in der Bar des Hotels Hilton, fanden in Malta die Menschen gar

... aus München

Zwanzig Liverpool-Fans in bunten Trikots, langen Schals und so betrunken wie es für englische Schlachtenbummler offenbar Pflicht ist – am Nebentisch zwei Urbayern aus dem Bilderbuch, mit Hut, Bart, Trachtenanzug und eigenem Maßkrug, die den englischen Krawall mit steinernen Mienen über sich ergehen ließen. Zumindest so lange, bis einer der Liverpool-Fans das Bier von Bayer Nummer eins umstieß. Aufbrüllen und das Bürscherl mit einer original Hauswatschn unter den Tisch fegen war eines. Stille – dann meinte Bayer Nummer zwei kopfschüttelnd: „Solcherne Sauteppn!" Darauf Bayer Nummer eins: „Wiaso Sauteppn? Sauteppn sog i zu dir, und du bist mei Freind. Oba de sand ja no ärger ois de Preißn!" Liverpools Stolz aber zog gesenkten Hauptes und ernüchtert ab.

Der Leser ahnt bereits, ich befand mich im Mekka aller Biertrinker, im weltberühmten Münchner Hofbräuhaus, und versuchte, möglichst bayrisch auszusehen. Ziel dieses Deutschland-Abstechers war allerdings ein anderes Lokal, die „Wiener Rutschn" in der Hohenzollernstraße, im Herzen von Schwabing. Dort füllte sich in diesen Stunden der Saal bis zum letzten Platz, und dort fieberten hinter den Kulissen die „Drei Lauser" ihrer Münchner Premiere entgegen. Sie wurde – das gleich vorweg – ein voller Erfolg. So triumphal, daß der Auftritt von Granditz und Co. nicht wie beabsichtigt um 23.30 Uhr zu Ende war, sondern um halb drei in der Früh.

Als das Gros der Gäste schon gegangen war, rückte der harte Kern der Truppe an einem großen Tisch zusammen. Herbert, Peter und Pauli spielten – plötzlich gar nicht mehr komisch – die uralten Lieder von der Liebe und vom Wein, und dann gab's mitten in München eine echte Österreicherkolonie, der das Heimweh in die Augen stieg: Regina Grünas war zum Beispiel da, die Granditz noch von seiner Wiener Zeit her kennt. Heute gehört ihr das Lokal „Zum Heurigen" in München, wo sie die „Drei Lauser" zur Begrüßung mit Beuschel und Knödeln verwöhnte. Oder die beiden Grazerinnen Sonja Martincic und Roswitha Teschl, Chefsekretärinnen in großen deutschen Firmen, oder Carola Krenn, eine Trofaiacherin, die es nach München verschlug, „weil ich plötzlich möglichst weit von meinem geschiedenen Mann weg sein wollte".

Von den Herren wären zunächst einmal die Kellner des Lokals zu erwähnen, die dafür sorgen, daß die „Rutschn" fest in steirischer Hand bleibt: Erwin Gaggl zum Beispiel, ein gebürtiger Grazer, der über die Stationen Steirerhof und Schloßhotel Velden nach München gekommen ist, oder sein Kollege Hans Zammer aus Judenburg. Damit die beiden ihre Hetz haben, holten sie sich auch noch einen Kärntner, den 26jährigen Hans Peter Golger. Unter den Gästen verdient einer besonders erwähnt zu werden: ein gewisser Herbert Schmidbauer, ein urbayrisches Original steirisch-wienerischer Abstammung. Kennengelernt hat er die „Lauser" anläßlich eines Grazbesuchs im Urbanikeller, und später spielte er für Herbert Granditz sogar den Trauzeugen. In München lud er am Tag nach der „Lauser"-Premiere zu „Frühmesse in seine Stammkirche" ein. Was allerdings unserem Seelenheil eher abträglich war, denn „Kirchen" sind kleine Stehkneipen und Branntweiner, in denen der Münchner seinen Frühschoppen nimmt, nicht.

In Sachen Lokalkenntnis ist Freund Schmidbauer wahrscheinlich den führenden Experten Europas zuzurechnen. Wenn irgendwo in München ein neues Lokal eröffnet wird, dann studiert er es einmal zwei Tage lang ohne störende Unterbrechung. Das sind ihm die Anlässe, bei denen ihm Gattin Petronella mittels Taxifahrer ein frisches Hemd nachschicken und einen kernigen Spruch ausrichten läßt: „Wannst scho saufst, sollst wenigstens net wia a Schweindl ausschaun!"

Pflichtbewußtsein war natürlich im Isarturm angesagt, wo das einzige Museum angelegt wurde, in dem garantiert noch niemand gähnte: Karl Valentin, einem der größten Komiker der Geschichte, wurde es gewidmet, und die drei Lauser „zerpeckten" sich ebenso wie Tausende vor ihnen über den Münchner „Winterzahnstocher" mit Pelzbesatz, den „Nachtschem" für Kleinwohnungen (mit innenliegendem Henkel), den „liegenden Stehkragen", die „geschmolzene Schneeplastik", „kein Guckloch" und „die Joppe des Hausmeisters Maier, die er trug, als er seine Frau kennenlernte". Übrigens: Wer Valentin wie „Walentin" ausspricht, der ist in ganz Bayern für alle Zeiten unten durch. „Es heißt Valentin mit Vau, merk S Ihna des, bevor S naufgehn und die Sachn anschaun", erklärte die Dame an der Kasse, wobei sie beim „Vau" vor lauter Begeisterung sogar ein bisserl ins Spucken kam.

Bier und Weißwürscht im Münchner Hofbräuhaus, da lebten die „Drei Lauser" sichtlich auf, zumal sie zu späterer Stunde von den Einheimischen sogar an den Stammtisch eingeladen wurden.

„Alle Steirer zu mir auf die Bühne!" rief Oberlauser Herbert Granditz in der Wiener Rutschn, doch nur ein Teil der „Steiermärker", die zur Premiere gekommen waren, hatte auf dem Podium Platz. ▼

Kronen Zeitung aus München

3 Lauser auf der Akropolis

nicht freundlich, umso mehr aber die Griechen, aßen hervorragend in einem abenteuerlichen Lokal in Athen, wurden auf der Akropolis von den Wächtern der Antike ermahnt, keine Steine mitzunehmen, trafen im Hafen von Piräus meinen Trauzeugen Herbert Schmidbauer aus München, waren auf der ‚Italia' täglich Stammgäste an der Suppenbar für ‚Nachtgespenster' und als wir auch noch Windstärke 7, bei der die Stabilisatoren des Schiffes nicht mehr halfen, überstanden hatten, waren wir froh wieder in Graz anzukommen. Aber schon bald gingen wir auf eine Tournee, die in Schladming begann und uns über Bregenz nach Stuttgart und Berlin führte und in München zu Ende ging. Während der Grazer Herbstmesse traten wir mit Peter Uray beim Projekt „Steirisches Fernsehen" auf.

Der einbeinige Pauli
Im August 1978 traten wir, Pauli Hinterhauser, Peter, der „Weiße Hai" Tabar und ich zwei Wochen lang in Dornbirn im „Vorarlberger Hof" auf. Es war ein wirklich toller Job. Täglich ausverkauft, Sigi, der Wirt, ein herrlicher Typ und ausnahmslos nette Menschen. Nur Leber und Nieren wurden überdurchschnittlich beansprucht. Wir überstanden aber alle Belastungen, außer unser Pauli, der am letzten Tag nach der Abschiedsfeier, auf dem Heimweg einen ‚Unfall' hatte. Er stieg nämlich aus dem Taxi, als dieses noch fuhr -so stark war sein Drang, endlich ins Bett zu kommen. Etwas Derartiges halten zumeist die Knochen nicht aus. So auch jene des Herrn Hinterhauser, was zur Folge hatte, dass nicht nur der arme Pauli sondern auch eines seiner beiden Beine geknickt war. Am nächsten Morgen wurde er von einem Arzt nur notver-

sorgt, weil er sich einfach keinen Gips anlegen lassen wollte. Wir verfrachteten den „Einbeinigen" in den Zug und fuhren heim nach Graz. Da ich im Nebenabteil einen Pfarrer entdeckt hatte, bat ich diesen, sich hin und wieder um unseren kranken Freund zu kümmern, da wir dringend im Speisewagen zu tun hätten. Ich teilte Pauli mit tröstenden Worten mit, dass, sollte es zu einem schmerzlichen Verlust kommen, weil er nicht bis Graz durchhielte, für ihn alles gut sein würde, weil im Nebenabteil ein Pfarrer säße. Wir versprachen ihm, ihn in diesem Falle ‚oben' zu besuchen und trollten uns in den Speisewagen.
Nachdem wir für unseren Freund einige schmerzstillende Tropfen eingenommen hatten, besuchten wir ihn ständig im Abteil, um nach ihm zu sehen und ihm ebenfalls etwas einzuflößen. Aber aus undurchsichtigen Gründen verweigerte er jegliche Flüssigkeitsaufnahme. Wahrscheinlich hatte er in der Zwischenzeit Kontakt mit Hochwürden gehabt. Wir waren schon längere Zeit unterwegs und der Schaffner erschien im Speisewagen zur Fahrkartenkontrolle. Da wir ihn sehr gut kannten, war uns möglich, ihn dazu zu überreden, bei einem Spaß mitzumachen. Peter und ich erklärten ihm, was wir vorhatten. Also rief der Herr Zugsführer in Graz an und forderte einen Rollstuhl für einen schwerverletzten Mitreisenden an. Die Heimreise verlief weiterhin sehr menschlich. Hochwürden betreute unseren Pauli und Peter und ich den Speisewagen. In Graz angekommen, wurde der Patient bereits von einer Schwester der Bahnhofsmission erwartet und gegen alle Proteste in den Rollstuhl gesetzt. Peter und ich hatten uns rechtzeitig und unbemerkt verabschiedet und dem Armen seinem Schicksal überlassen. Er dirigierte die Schwester kreuz und quer durch die Bahnhofshalle, immer wieder betonend, dass ihn seine Kollegen mit Sicherheit abholen würden. Gut getarnt beobachteten wir diese Odyssee. Als der Einbeinige trotz seiner Behinderung aus dem Rollstuhl springen wollte, traten wir auf den Plan. Was denn der Grund für die Sprungbereitschaft unseres Pauli gewesen sei, wollten wir wissen. Die graue Maus hatte ihm angedroht er müsse, wenn er nicht bald abgeholt würde, in der Bahnhofsmission übernachten. Allein dieser Gedanke machte ihn schon fast wieder gesund, und mit seinem in Dornbirn geliehenen Stock sowie unserer freundlichen Unterstützung humpelte er zu einem Taxi und fuhr nach Hause. Bevor er allerdings einstieg verdächtigte uns dieser undankbare Mensch in seiner Idiomatik: „Aunxoffen sads, es zwa Deppen!"

Anfang September war die Premiere unseres letzten Programms im Weinstadl, den wir 1979 für immer verließen, da die ständigen Querelen mit der Verpächterin einfach unerträglich geworden waren. Im Oktober feierten wir im ausverkauften Stephaniensaal unser 15 Jahr Jubiläum und Peter Tabar fragte mich, während ich gerade sang, ob ich etwas angestellt hätte, was ich, als es mir möglich war, verneinte und meinerseits fragte, wie er zu dieser Annahme käme. Ich gebe ja zu, dass seine Frage gar nicht so abwegig war, aber diesmal war sie völlig un-

LOKALES — Mittwoch, 2. November 1977

Der Stefaniensaal war bis auf den letzten Platz ausverkauft, die Stimmung auf dem Höhepunkt. Die 3 Lauser steigerten sich von Nummer zu Nummer.

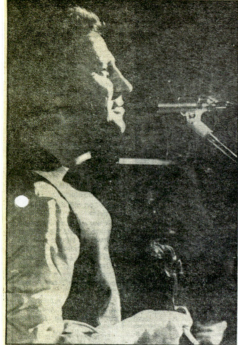

▲ Der schönste Granditz, den es je gab: Beim zweiten Teil ließ sich der Musiker sogar dazu hinreißen, mit Mascherl aufzutreten.

Zum 15. Geburtstag gab es für die 3 Lauser von der Schallplattenfirma Polydor ein besonderes Geschenk: Narrenkappen und eine Urkunde. Fotos: Ferdinand Neumüller

Mit einem „Steirerkrone"-Galaabend im Grazer Stefaniensaal machten sich die „3 Lauser" selbst ihr schönstes Geschenk zum 15. Geburtstag. Während sich 1000 Lauser-Fans in den völlig ausverkauften Saal drängten, meinte Gesundheitslandesrat Hannes Bammer schmunzelnd: „Eigentlich darf der Granditz gar nicht am Abend singen. Mit 15 Jahren fällt er ja noch unter das Jugendschutzgesetz." Herbert Granditz, Pauli Hinterhauser und Peter Tabar sangen und spielten trotzdem.

Nostalgie war wieder einmal hoch in Mode. Da wurden Politiker wie Figl, Afritsch, Pittermann und Olah parodiert, als Vorlagen für ihre damaligen kabarettistischen Songs dienten Evergreens wie „Ohne Krimi geht die Mimi nie ins Bett", „Peppino, freche kleine Maus", „Love me tender" oder „Wien bleibt Wien". Was Granditz und Co. damals aus diesen Hits machten? Sie ärgerten die Mannequins der Modeschule Hetzendorf (deswegen mußten sie sogar vor Gericht), Politiker und die Polizei. Schon damals zum Gaudium des Publikums.

Außer Jazznummern, Grazerliedern und kabarettistischen Einlagen gab Granditz auch sein dichterisches Können zum besten. Dabei nahm er sich mit Zitaten von Peter Rosegger, Bundeskanzler Kreisky, ÖVP-Chef Taus, FPÖ-Chef Peter selbst auf die Schaufel.

Für eine Supereinlage während des Lauser-Programms sorgten die „Kern-Buam": Mit Tschinn-bumm-trara platzten sie, begleitet vom Polydor-Direktor Erich Turan und drei hübschen Mädchen, in den Saal. Nach dem Ständchen gab es – wie könnte es anders sein – für Granditz aus den Händen der „Kern-Buam" eine Flasche Kernöl, aus den Händen der Mädchen Narrenkappen.

Der Ärmste des Trios war an diesem Abend Lauser-Gitarrist Pauli Hinterhauser: Er sorgte nämlich sowohl für Heiter- als auch für Heiserkeitserfolge. Der Anlaß des krächzenden Pauli, der sich aber vortrefflich aus der Affäre zog: eine Verkühlung.

Apropos Weinstadl: Kurz nach Beendigung dieses „Steirerkrone"-Konzertes setzte im Stefaniensaal ein Run auf die frisch erschienene LP der „3 Lauser" ein. Die Platte nennt sich „Ein Abend im Weinstadl". Ob es für Granditz und Co. eine goldene Schallplatte wird, steht noch in den Sternen.

Weniger erfolgreich in Sachen Schallplatten war der steirische Gastronomie-Jodlerkönig Hermann Schweighofer: Nachdem er erst kürzlich in Travemünde (BRD) erfolgreich gejodelt hatte, sollte er am Montag für „Polydor" vorsingen. Ausgerechnet beim Jodler blieb er stecken. Die Plattenfirma hatte jedoch Einsicht mit dem Ausrutscher. Als Trost wurde Schweighofer, der in den nächsten Monaten die neue Jodelplatte auf den Markt bringt, zum Galaabend der „3 Lauser" eingeladen.

begründet. Wie aber war er überhaupt dazu gekommen, mich an diesem Abend so etwas zu fragen? Unsere Plattenfirma „POLYDOR" hatte als Überraschung für uns als Gäste die „KERN-BUAM" eingeladen und als diese in ihren grünen Steirerjoppen in den Saal einmarschierten, hatte sie Peter gegen das Licht der starken Scheinwerfer für Polizisten gehalten, die uns abführen wollten.

Im Mai gab es zwei herausragende Termine: Erst hatten wir unseren

15 Jahre „3 Lauser"

In der Olympiahalle in München

großen Auftritt in der Münchner Olympiahalle, die mit 10.000 Besuchern fast völlig ausverkauft war. Ich musste als Erster auf die Bühne und ich kann beschwören, dass ich vorher und nachher nie mehr mit ‚vollerer Hose' aufgetreten bin als damals. Auch die Programmgestaltung musste gut durchdacht sein, denn ein Mensch in der 43. Reihe sah meine Mimik nicht mehr. Daher war es Voraussetzung, nur textstarke Nummern zu interpretieren.

Die zweite Gala fand Mitte Mai im Panthersaal des Brauhauses Puntigam statt. Die Steirerkrone schrieb damals: „Die Show des Jahres. Mehr als 1000 Zuschauer im total überfüllten Panthersaal. Nach dem begeisternden 3Lauser Abschied gab es Tränen."

Der Abschied führte uns wieder einmal in die Bundesrepublik. Nach unserer Rückkehr aus Deutschland kam es zu einem „Comeback" im ‚Futtertrögl', wo es einen neuen Pächter gab. Wir blieben bis Ende 1980, um anschließend erneut in die BRD, nach Berlin, zu gehen. Wir traten in er „Wiener Rutsch'n", in den Räumen der ehemals weltberühmten Berliner Scala auf.

Pauli im Zwitscherstübchen

Die Menschen in Berlin waren schon immer sehr tolerant und ohne Vorurteile. Selbst als die Stadt noch in ein Ost- und Westberlin geteilt war und wir dort engagiert waren. Durch den externen Status der Stadt, konnte, wer in Berlin wohnte, nicht zur Bundeswehr eingezogen werden und es herrschte ein babylonisches Sprachengewirr an deutschen Dialekten. Ein ebensolches Gewirr gab es unter den Gleichgeschlechtlichen, die durch die Toleranz der Menschen ebenso auftreten konnten wie jeder andere. Wir arbeiteten in der „Wiener Rutsch'n", vormals die weltberühmte „Berliner Scala", in der Martin Luther Straße. Ein paar Meter weiter an der Ecke gab es ein Lokal mit dem vielsagenden Namen „Zwitscherstübchen". Die Klientel bestand ausschließlich aus romantischen Herren mit langen Wimpern und sanften Blicken. Unser Pauli passte da eigentlich gar nicht hin. Aber das war ihm egal. Vor der Vorstellung genehmigte er sich täglich einige Gläschen Fernet bei den „Zwitschernden", um sich in Form zu bringen. Eines Tages bestellte der Gute wieder einen doppelten Fernet, noch einen und dann noch einen. Nach dem dritten Doppelten fragte die „Kellnerin" mit einschmeichelndem Bariton: „Warum trinkst du so viel Fernet, mein Junge?" „Des is mei Leibgetränk", gab Pauli in kräftigem Hernalserisch bereitwillig Auskunft. Dies war selbst dem sprachgeprüften Zwitschermännchen nicht geheuer, denn er hatte verstanden: ‚Mich hat ein Weib gekränkt'. Verbal attackierte er unseren Freund: „Du bist doch doof, Mann. Vergiss dieses Weib, du Idiot!" Das wieder verstand unser Paulchen nicht, der da dachte: „Der Depp muass do froh sein, wenn i sauf, des is ja sei Gschäft." Er dachte eben in anderen Dimensionen. Pauli und die „sanften Männer" gab es fortan nicht mehr. Fernet aber gibt es zum Glück heute noch.

Auf meinen Streifzügen durch die Stadt entdeckte ich unter anderem den ‚Grazer Platz' und den ‚Grazer Damm'. Neben viel Prominenz besuchte uns auch Marianne Mendt in der Rutsch'n. An einen besonderen Menschen denke ich heute noch gerne zurück. Er war ein alter Herr, ein waschechter Berliner, und hatte einen Zeitungskiosk am Kurfürstendamm. Zu ihm pilgerte ich täglich, um mir die Kronen Zeitung zu kaufen. Dies dauerte zumeist eine ganze Stunde, denn wenn Berliner Schnauze und Wiener Schmäh aufeinander treffen ist es schwer ein Ende zu finden.

Checkpoint Charlie

Es war während unseres Gastspiels in Berlin im Juli 1981. Wir hatten sonntags frei und mein Kollege Peter Tabar und ich fuhren mit der U-Bahn in den Ostteil der damals noch geteilten Stadt. Wir kannten uns bereits ganz gut aus und hatten schon zwei Lieblingslokale in Ostberlin. Zum Einen die angeblich älteste Kneipe Berlins, in der schon Napoleon Gast gewesen sein soll. Sie lag damals neben dem Gerichtsgebäude und trug den vielsagenden Namen „Zur letzten Instanz" und zum Zweiten das Restaurant „Prag", in welchem man es sich herrlich böhmisch schmecken lassen konnte. Nachdem wir den ganzen Tag mit Herumlaufen verbracht hatten, ließen wir ihn im „Prag" bei einem guten Essen und einigen „Promillespendern" auslaufen. Gut gelaunt beschlossen wir am Schluss beim berühmten Checkpoint Charlie in den Westen zurückzukehren. Zu allem Unglück gab es 50m vom Checkpoint noch eine hässliche Kneipe, was uns aber bereits egal war. Da wir noch einige „Ostmärker" in der Tasche hatten legten wir diese noch in „Russischem Tee" mit dem Namen ‚Stolichnaya' an und gingen um viertel vor Zwölf - man musste Ostberlin bis Mitternacht verlassen haben, sonst wurde man festgenommen – zum Checkpoint. Wir zeigten den Wachhabenden unsere Pässe – und wurden augenblicklich zurückgeschickt. Wir hatten zwar gewusst, dass man um 12 Uhr aus Ostberlin draußen sein musste, aber nicht, dass man dort ausreisen musste, wo man eingereist war. Und das war der vielbesungene Bahnhof Friedrichstraße. Sofort setzte ein teilweiser Nüchterungsprozess ein und wir rannten wie von Furien gehetzt die berühmte Allee „Unter Linden" in Richtung des Bahnhofes, stürzten die Treppen hinunter, sprangen in einen Waggon, die Türen schlossen sich und wir fuhren los. Wären wir in den Zug am Nebengleis gesprungen, hätten wir die Nacht nicht im Westen verbracht. Es war noch einmal gut gegangen. Jedenfalls weiß ich seit damals, dass Wodka ein hervorragendes Doping für Spitzenläufer ist. Peter und ich sind nachher ohne die Mixtur aus Wodka und Angst nie mehr so schnell gelaufen, wie damals.

Peter und der Schneemensch

Ich wohnte in Berlin in der Bundesallee 17, in derselben Wohnung, die vor mir Marianne Mendt bewohnt hatte. Peter führte mich nach der Vorstellung immer nach Hause. Aber nicht, ohne vorher noch mit mir im „EL

Beim Brandenburger Tor

SHALOM" eine Kleinigkeit eingenommen zu haben. Dieses Lokal war schwer einzuordnen. Es war einmalig in seiner Art und deshalb mein Lieblingslokal. Man konnte dort bis frühmorgens, es gab ja in Berlin keine offizielle Sperrstunde, essen und trinken, Karten und Schach, oder weiß Gott was spielen. Auf zwei Bildschirmen liefen ständig Zeichentrickfilme ... und ... und. Was aber ein besonderer Anziehungspunkt war, war die enorm lange Theke. Und dort saßen wir tagtäglich. Auch an jenem Abend, an den ich mich noch sehr gut erinnere:

Peter rechts von mir und an meiner linken Seite ein gut aussehender, aber etwas linkisch wirkender Mensch, der meinem Kollegen ständig zulächelte. Aus purer Höflichkeit lächelte Peter zurück, was der Lächler falsch aufgefasst haben dürfte. Ab diesem Moment versuchte er nämlich mal hinter meinem Rücken, mal vor mir mit meinem Kollegen ins Gespräch zu kommen. Er gab sich als Vertreter für Atomic-Ski aus und versuchte meinem Freund zu erklären, er kenne ihn sehr gut als Mitglied der Österreichischen Skinationalmannschaft, es fiele ihm nur sein Name nicht ein. Obwohl der liebe Peter glaubhaft versicherte, kein Skistar zu sein, ließ der ihn Anbetende nicht locker. Hilfe suchend schaute mich mein Freund an und sagte verzweifelt: „Tua den endlich weg." Da ich aber nicht wusste, wohin ich den sichtlich verliebten Menschen tun sollte, fragte ich ihn, guter Freund der ich war, ob er denn nicht mit mir Platz tauschen wolle. Ich hatte mich nicht getäuscht. Mein Angebot wurde dankend angenommen und bezahlen musste ich an diesem Abend auch nicht. Ich hatte also ein gutes Werk vollbracht. Als störend empfand ich nur Peters Blicke, die er wie Giftpfeile ständig auf mich abschoss. Nachdem er die diversen Angebote des heißen „Schneekönigs" abgelehnt hatte, vereinbarte er aber ein Rendezvous, um endlich Ruhe zu haben. Dass er nicht hinging, weiß ich mit absoluter Sicherheit, denn zu diesem Zeitpunkt saß er mit mir in einer Kneipe bei einem kühlen Bier. Allerdings hat sich Peter bitterböse an mir gerächt; wie, das bleibt hier unerwähnt.

Besuch Marianne Mendt

Das traurigste Ereignis des Jahres 1979 darf hier aber nicht vergessen werden. Ich verlor meine Grazer Zweitwohnung an dem Tag, an dem der Urbanikeller seine Pforte schloss. Mit dieser Schließung ging ein Stück Graz verloren. Im „Keller" traf sich alles was Rang und Namen hatte, beziehungsweise heute hat. Es verkehrten dort Journalisten, Schauspieler, überhaupt Künstler jeden Genres, Politiker und so fort. Ich habe für den Abschiedsabend ein Gedicht geschrieben, welches ich hier auszugsweise wiedergeben möchte. Es begann folgendermaßen:

> *... Fast zwanzig Jahre ist es her, da stand der Keller hier noch leer.*
> *Doch eines Tag's. fast über Nacht ist dann zum Leben er erwacht. Wie's dazu kam, das hab'n wir g'wusst, das Wandern war des Müllers Lust...*
> *Und endet mit den Worten*
> *... Doch heut, da müass ma Abschied nehma, des macht im Herzen schon an Brenner,*
> *Weil jedes von die zwanzig Jahr, a Stückerl Jugend von uns war. Des letzte Bummerl wird heut' g'spült, der Schmäh rennt leise, gar net wüld, und zum letzten Mal sagn alle heut: ERICH DANKE für die schöne Zeit.*

Das Teuflische an der Geschichte war, dass ich den Text auch noch selber vortragen musste. Ich hatte das Wort ‚Danke' kaum ausgesprochen, da fühlte ich schon die ersten Tränen und verschwand schleunigst in der kleinen Küche, wohin Erich Müller schon vorausgelaufen war. Wir waren aber in bester Gesellschaft und mit den Tränen, die an diesem Abend vergossen wurden, hätte man leicht einige Gläser füllen können. Meine Freundschaft mit Erich Müller blieb jedenfalls nur deshalb aufrecht, weil er mir bald darauf neuerlich eine Zweitwohnung ohne Meldezettel anbot. Und zwar den „Kepler-Keller". Am 12. Jänner 1981 war dann die Eröffnung dieses Lokals. Von der Prominenz, die zur Eröffnung erschienen war, könnte ein anderes Lokal ein ganzes Jahr lang „leben". Auch das „Programm" konnte sich sehen lassen Ernst Prassl „machte" den Heinzi Conrads, wobei kein Auge trocken blieb. Else Kalista trällerte und Charles Williams, der Star aus, Porgy und Bess' ließ seine Stimmbänder beben. Roman Schublach als „Hausorchester" werkte am Akkordeon und wir drei spielten noch einmal in Originalbesetzung.

Mit Charles Williams und Erich Müller

Das Fest dauerte bis vier Uhr früh und um sechs saßen wir schon gemeinsam mit Charles Williams im Flieger nach Frankfurt. Unser Freund musste weiter nach Bonn und wir nach Berlin, wo wir noch am gleichen Abend eine einstündige Gala für die Firma ‚Wiesenhof' bestritten.
 Am nächsten Morgen ging es wieder zurück nach Frankfurt, von wo Pauli, der das Trio ja schon verlassen hatte, weiter nach Wien flog. Peter und ich flogen natürlich nach Graz. Im Februar machte ich mit Herwig Wurzer eine Faschings- sowie eine Ostersendung aus der „Eiergasse", und im Mai wieder mit dem unvergleichlichen Herwig Wurzer die Sendung „Kartentippler Blues", in der wir in der Altstadt den Kartenspielern auf die Finger schauten und sie auch zu Wort kommen ließen. Es wurde eine Mordsgaudi. Im April machte ich mit dem Steiner Franz am Wiener Stephansplatz die Sendung „A Gaudi muass sein", die im Oktober gesendet wurde. Nach diesen Aufnahmen nahm auch Peter Tabar den Hut und versuchte sich in der Privatwirtschaft

A Gaudi muass sein

1981 drehte ich mit Franz Steiner, oder besser dem „Steiner Franz" in Wien am Stephansplatz eine Folge seiner TV-Serie „A Gaudi muass sein". Ich spielte eine Toiletten-also eine ‚Häuslfrau' und saß maskiert beim U-Bahn Abgang, bot den Leuten Toilettenpapier an, sang dazu und hatte, was sehr wichtig war, ein Körberl auf den Knien. Ich war natürlich in Maske und äußerst freundlich zu den Leuten, was zur Folge hatte, dass ich ein recht ansehnliches Trinkgeld zusammenbrachte, welches wir dann in der Drehpause im nahe gelegenen Restaurant „Tabakspfeife" in unser Wohlbefinden investierten. In dieser Sendung spielte ich aber noch eine zweite Rolle und zwar einen Mann von der Straße, der ständig von einer Bank fallen musste. Zuerst aber sollte ich Steiner noch nach der Zeit fragen. Um uns beide herum standen in Kreisform die Zuseher. Plötzlich überquerte eine Frau mit einem kleinen Hund, einem sogenannten „Rehrattler", den Platz. Die beiden fielen dem Regisseur durch ihr skurriles Äußeres sofort auf und er fragte die Dame über den Lautsprecher, ob sie nicht mitwirken wolle, denn beide boten ein herrliches Bild. Die Frau hatte sich zu Steiner und mir zu stellen und einfach nur dazustehen. Eine stumme Rolle also. Ich sagte zu Franz: „Bitte, können Sie mir sagen, wie spät es ist?" „Dreiviertelzehne", sagte die Wienerin. „Nein, gnä' Frau", wurde sie angewiesen. Sie brauchen nur dazustehen." Wir begannen wieder mit der Szene. Ich fragte Steiner nach der Zeit und die Frau sagte: „ Fünf Minuten vur Zehne!" In der Zwischenzeit waren zehn Minuten vergangen. Der Regisseur ermahnte sie erneut, nicht zu sprechen. Nachdem sie uns aber noch dreimal die Zeit, zwar richtig aber dennoch störend, die Zeit angekündigt hatte, wurde sie weggeschickt. Der Hund blickte sein Frauchen verständnislos an und sie ihren kleinen Liebling ebenso und ich habe nie mehr wieder eine größere Ähnlichkeit zwischen Mensch und Tier erlebt als damals.

Vom Sepp

Sepp L. Barwirsch

Zum „Ehrensteirer" und „Josef h. c." ernannte Landeshauptmann Dr. Josef Krainer am Samstag den „Oberlauser" Herbert Granditz.

Obwohl er seine Wiener weder verleugnen kann noch will, ist Herbert Granditz, der Chef des Blödler-Trios „3 Lauser", im Grunde seines Herzens bereits Steirer. Und das nicht erst, seitdem er mit einer Grazerin verheiratet ist. Am Samstag, bei der großen „3-Lauser"-Gala im Stephaniensaal, wurde Granditzens Steirertum auch offiziell von höchster Stelle anerkannt. Landeshauptmann Dr. Josef Krainer persönlich überbrachte dem Vollblutmusiker und Hinterglasmaler Granditz eine Urkunde, die den Blödler als „Josef h. c." und „Ehrensteirer" ausweist. Auf Grund dieser Styrifizierung wäre Granditz sogar dazu berechtigt, einen Steireranzug zu tragen, was er aber mit Rücksicht auf seine neuen Landsleute nicht tun wird. „A Schnittlauchsmoking paßt mir einfach net..."

*

Die Tage vor der Gala hatte Herbert Granditz einiges Bauchweh, ob wohl genug Leute kommen würden. Dann aber war alles eitel Wonne. Die Fans kamen in Scharen, es gab ein ausverkauftes Haus, und mit dem Granditz-Programm konnten sie auch zufrieden sein. Das Rahmenprogramm war aber eher zum Gähnen. Hörenswert waren gerade die Schützlinge von Ex-Lauser Manfred Steflitsch. Der Musiklehrer bei den Grazer Ursulinen hatte mit 14 Schülerinnen Gitarren-Stücke einstudiert und vorgetragen.

☆

Zufrieden konnte Herbert Granditz aber nicht nur mit dem Besuch des Galakonzertes sein, sondern auch mit dem Verkauf seiner jüngsten Langspielplatte, die am Samstag frisch aus der Presse kam.

Ich stellte eine neue Truppe zusammen, mit der ich im Mai im Bregenzer Yachtclub debütierte. Von dort ging es auf Tournee durch Österreich. Das Jahr endete mit einer Gala am 5. Dezember im wieder ausverkauften Stephaniensaal, in deren Rahmen ich von Landeshauptmann Dr. Josef Krainer zum „Ehrensteirer" und „Josef h.c." ernannt wurde und ich ihm meine neue Langspielplatte präsentieren konnte.

1982 begann damit, dass Ö3 Chef Rudi Klausnitzer am Neujahrstag unsere Sprechgesangnummer „Is egal", eine Auskoppelung aus der neuen LP in seiner Sendung vorstellte. Dieses Lied erwies sich als wahrer „Kletterkönig" und lag im italienischen Sender „Radio Val Canale" nach einer Woche bereits auf Platz 14 der Hitparade, nach 14 Tagen auf Rang fünf und dann drei Monate lang einsam auf Platz eins. Und wie es halt so ist, wurde die Platte - nach Klausnitzer vom ORF totgeschwiegen – dann auch im ORF fleißig gespielt. Anlässlich der alpinen Skiweltmeisterschaften in Schladming hatte ich den Text für ein Schladming-Lied geschrieben, welcher von dem bekannten Komponisten, Arrangeur und Orchesterchef Robert Opratko vertont wurde.
Es wurde von mir so konzipiert, dass es auch nach der WM nicht unaktuell wurde. Der Titel „Willkommen in Schladming" konnte jederzeit zu einer Art Kennmelodie für die Stadt werden.

Die Noten zur ‚Hymne auf Schladming'

Abseits der 3 Lauser ging ich mit dem Politkabarett „Die Bohrwürmer", im Hinblick auf die bevorstehenden Gemeinderatswahlen auf Tournee durch die Grazer Bezirke und die Steiermark. Ich zeichnete dabei nicht nur für die Texte verantwortlich sondern führte auch Regie und stand selbst auf der Bühne.

Die Torte

Vor einer kleinen Ewigkeit war ich drei Monate mit dem Kabarett „Die Bohrwürmer" auf Steiermarktournee. Wie in vielen Kabarettprogrammen spielte ein Sketch in einem Kaffeehaus. Mein Partner und ich tranken Kaffee aus leeren Tassen und ich musste zu allem Überfluss dazu eine Torte essen. Eine trockene Angelegenheit, wenn man keinen Kaffee zum Hinunterspülen hat. Ich glaube, es war in der Nähe von Weiz. Die Vorstellung lief und als die Kaffeehausszene kam, schauten plötzlich der Requisiteur, der Toningenieur und die restlichen Ensemblemitglieder über die Dekoration auf uns beide. Dieser Umstand erregte meinen Verdacht. Und zwar nicht unbegründet, wie sich herausstellen sollte. Während ich sprach, überlegte ich, womit man uns etwas antun könnte, was allen so interessant erschien. Und blitzartig kam mir die Erkenntnis – es war die Torte. Es konnte nur die Torte sein. Auch mein Partner machte den Eindruck, als warte er, dass ich endlich in die verdammte Torte hineinbisse. Also war er auch in die Verschwörung involviert. Wie hatten sie das süße Stück vergewaltigt? Vorsicht war geboten! Ich biss also ein Stück ab, schluckte und hätte beinahe alles ausgespuckt, denn die Torte war gepfeffert. Diese Freude gönnte ich den lieben Kollegen aber nicht und aß das ganze Stück Torte auf, lobte auch noch den Geschmack und die viele Arbeit, die daran hing. Und viel Arbeit war es in der Tat gewesen, die Torte so akribisch zu zerteilen und wieder zusammenzubauen, dass man nichts bemerkte. Die Frau Sacher allerdings hätte mit dieser Rezeptur ganz sicher keine Freude gehabt. Die Rache an meinem Kollegen, der mich nicht gewarnt hatte, obwohl er eingeweiht war (zugegebenerweise hätte ich es genauso gehalten), ließ nicht lange auf sich warten. Wie das Hotel, in dem wir wohnten, hieß, weiß ich nicht mehr, aber ich weiß noch wie es aussah. Vor allem die Gänge waren so gut wie unbeleuchtet. Arno, mein Partner, und ich hatten je ein Zimmer vis à vis voneinander. Schon beim Auspacken hatte ich am Ende des Ganges einen großen, ausgestopften Storch entdeckt, der dort stand. Nach der Vorstellung hatten wir in der Gaststube noch gefeiert, schließlich musste ich ja meinen Schlund vom Pfeffer befreien. Auch Arno tat so, als hätte er ebenfalls von der Pfeffertorte gegessen. Endlich gingen wir zu Bett und ich hielt mich noch einige Zeit wach, um ihm den ausgestopften Vogel vor die Zimmertür stellen zu können. Im dunklen Flur sah das Tier richtig gefährlich aus. Ich klopfte mit der Faust an die Tür und verschwand in meinem Zimmer. Gleich darauf hörte ich einen

Schrei und einen Fall. Und dann klopfte es auch schon lautstark an meine Zimmertür. Ich öffnete und Arno sagte mir auf den Kopf zu, dass ich den Storch vor dem Zimmer platziert hätte. Leugnen war sinnlos. Trotzdem fragte ich mit Unschuldsmiene, was denn passiert sei. Nachdem er schlaf-trunken die Tür geöffnet hatte, konnte er nicht gleich realisieren wer da vor ihm stand, hielt den Storch für einen Mann der ihn überfallen wollte und haute ihm mit der Faust eine auf den Schädel. Erst als der Gegner auf dem Boden lag, erkannte Arno, dass es sich um besagten Vogel handelte. Nachdem er mir ausdrücklichst erklärt hatte, MICH bei der nächsten Attacke gegen ihn ausstopfen zu lassen, dachte ich nur mehr darüber nach, ob er mich dann auch in einem abgewohnten Hotel in einem dunklen Gang aufstellen lassen würde.

Zudem feierten wir im zum dritten Mal ausverkauften Stephaniensaal neuerlich ein Jubiläum mit den Fans, die sogar zum Teil aus Wien, München und Berlin angereist waren. In der Tagespost stand damals zu lesen: „Die 3 Lauser gibt es nun seit mehr als 20 Jahren. Die Besetzung des Trios wechselte im Laufe der Jahre mehrmals. Gitarristen kamen und gingen und auch am Akkordeon sah man viele verschiedene Gesichter. Durchgehalten hat nur Herbert Granditz, der ja der Gruppe das Gepräge gibt." Um ehrlich zu sein, machte mich das schon ein wenig stolz und ich beschloss, noch lange durchzuhalten.

Vodoo in Rosenheim
Peter Tabar, Pauli Hinterhauser und ich hatten schon einmal zwei Wochen mit viel Erfolg im „Duschl" in Rosenheim gastiert und erhielten eine Einladung für ein weiteres Gastspiel in diesem Haus. Wir waren beim ersten Mal jeden Tag ausverkauft gewesen und so sollte es auch diesmal werden. Was jedoch den internen Betrieb betraf, hatte sich einiges geändert. Es war an und umgebaut worden und anstatt des gemütlichen Oberkellners, gab es jetzt eine sogenannte Geschäftsführerin. Eine unattraktive, zickige, alles wissende und hochmütige Person, die den ohnehin gut laufenden Betrieb auf „Vordermann" bringen wollte und das, inklusive dieser drei „Esterreicher", die sich „3 Lauser" nannten. Ein haarsträubender Fehler, wie sich bald herausstellen sollte. Da sie scheinbar in irgendeiner Hotelfachschule die Gastronomie erfunden hatte, glaubte sie nun, den laschen Burschen aus „Esterreich" Zucht und Ordnung beibringen zu müssen. Dies schaffte sie allerdings innerhalb der zwei Wochen aus folgendem Grunde nicht: Nach den ersten Geplänkeln mit der „Pestsäule", wie wir sie nannten, passierte nämlich schier Unglaubliches und ich stehe für den Wahrheitsgehalt dieser Geschichte gerade. Pauli, der Gitarrist, hatte ein Kerzengeschäft entdeckt, in dem es auch schwarze Kerzen zu kaufen gab, was er sofort Peter und mir mitteilte. Damit war

der Schlachtplan auch schon geboren. Nichts wie hin und eine schwarze Kerze kaufen. Wir spielten auf einer kleinen Bühne, welche vorne durch eine schmale Barriere zum Publikum hin abgeschlossen war. An diesem Tag kamen wir schon früher als sonst zur Vorstellung, um die Idee in die Tat umzusetzen. Wir stellten die schwarze Kerze auf eine Porzellantasse, steckten fünf Stecknadeln hinein, und zeichneten Pentagramme, also Drudenfüße, auf die Holzbarriere. Wissend, dass die Druden im Mittelalter und heute noch im bayerischen Volksglauben hexenhafte Nachtgeister darstellen, die den Menschen quälen und bedrücken sollen. Wir gingen auf die Bühne, zündeten die Kerze an und begannen zu spielen. Das Kerzlein brannte und flackerte und immer, wenn die Gastroexpertin vorbeikam, sangen wir ein langgezogenes „OOJEE". Und schon am ersten Abend begann unser Plan zu greifen. Als nämlich die Kerze ein Stück heruntergebrannt war und die erste Stecknadel fiel, passierte unser „Liebling" die Bühne mit einem Teller voll Suppe und beim „OJEE" rutschte sie aus und sie und das Süppchen fielen samt Tablett zu Boden. Die erste Nadel hatte ihre Schuldigkeit getan. Bei der zweiten fallenden Nadel war es leider nur ein Schinkenbrot. Bei der dritten dafür ein Schweinsbraten mit einem unter den Tisch hüpfenden Knödel, bei der vierten ein Topf mit Weißwürsten. Der ganz große Erfolg stellte sich aber beim Fall der fünften Nadel ein. Exakt am letzten Tag unseres Gastspiels balancierte die Servierartistin ein großes Servierbrett vollbeladen mit mehreren Speisen an uns vorbei, stürzte beim bereits bekannten „OJEE" und brach sich das rechte Bein. Leider konnten wir sie, während sie ihren Krankenstand „genoss", nicht besuchen, denn da spielten die laschen „Esterreicher" schon wieder in der Heimat. Der blutrünstige Voodoo-Zauber in der Karibik stützt sich ja bekanntlich auf totes Geflügel. Und dies gab es ja auch schon in Oberbayern, als die „Wienerwald-Kette" noch gar nicht existierte. Ob also Voodoo in Rosenheim oder Drudenfüße in der Karibik, oder auch umgekehrt – nur der Zweck heiligt die Mittel.

Dies setzte ich dann auch 1983 um. Ich nahm zu Jahresbeginn schon wieder eine Langspielplatte und zwei Singles auf. Wobei die eine mit dem Titel „I wünsch Dir was" bis heute eine meiner Lieblingsscheiben ist. Den Text dazu schrieb der Münchner Universitätsprofessor Helmut Zöpfl und die Musik mein bayerischer Freund und Chef von Deutschlands Show-Band Nummer eins Ambros Seelos. Wir reisten viel und spielten selbstverständlich auch wieder in Berlin und München, um dann nach Österreich zurückzukehren. Danach moderierte ich das Oktoberfest im Stadtpark, hatte dabei auch einen Auftritt mit meiner Truppe, um gleich im Anschluss daran zu einer mehrwöchigen Tournee durch Vorarlberg aufzubrechen. Kaum daheim in Graz erhielt ich einen Anruf aus München, mit dem Angebot, ständig in der Bayernmetropole aufzutreten. Des vielen Herumreisens schon ziemlich müde, war ich natürlich mehr als erfreut über dieses Angebot, setzte mich in den Zug, was damals dank der mitgeführten ‚Gastro-Waggons' noch ein Vergnügen war, und fuhr in die Biermetropole, um mich über die Details zu informieren. Nachdem wir uns ziemlich rasch einig geworden waren, musste ich mich neuerlich nach Musikern umsehen. Manfred Steflitsch unterrichtete bei den Ursulinen in Graz Gitarre und konnte nicht mitkommen und Ewald Krenzl musste krankheitshalber ausscheiden. Ich machte mich also wieder einmal auf die Suche. Mit Peter Kindermann, einem waschechten Münchner und Herbert Stauber, einem ebenso waschechten Wiener, der schon lange in München lebte, fand ich zwei wunderbare Kollegen und Bühnentypen, die auch das nötige musikalische Handwerkszeug mitbrachten. Mit einem langfristigen Vertrag in der Tasche kam ich nach Graz zurück. Wie immer zu Weihnachten lud ich meine Freunde zum traditionellen Burenwurstessen, welches diesmal zum „Letzten Abschiedsmahl" wurde. Mein lieber Freund Stefan Schar, der berühmteste Würstelsieder Österreichs, „Der kleine Sacher" aus Wien – er hatte seinen Stand nahe dem Hotel Sacher – brachte „Burenhäutln und Waldviertler" und ließ es sich nicht nehmen, sie persönlich heiß zu machen. „Heiß" war der „Herr Stefan" auf den Lebensmittelpapst Petuely, über den selbst Lebensmittelrichter Dr. Günther Paulitsch bisweilen den Kopf schüttelte. Stefan Schar, damals im O-Ton: „Die echte Woldviertler hobns verboten, wäuls in der Sölch durchgräuchert, oiso krebserregend woar. Jetzt nehmma Gewürze mit Räuchergeschmack, und die Haut wird nur schwoarz aungsölcht. Oba der Mensch is hoit a komplizierte chemische Fabrik." Dies stellte sich als wahres Wort heraus, denn als wir dann die Instrumente auspackten und aufspielten, wurde das „Würstel-Freundes-Weihnachtsfest" auch noch zu einem mitternächtlichen „Leber-duck-dich-Ereignis." Graz konnte ich zwar nicht nach München mitnehmen. Aber Burenwurst und Krainer waren dort immer vorrätig und fügten der Weißwurst empfindliche Niederlagen zu.

München, Weltstadt mit Herz

Dieser Slogan stimmte natürlich auch nicht hundertprozentig, hatte aber schon etwas für sich. Nachdem ich in der Kloppstockstraße, in der Nähe des Schwabinger Krankenhauses, eine zwei Zimmerwohnung mit Balkon bezogen hatte, meine Frau war vorerst in Graz geblieben, stand meinem Arbeitsantritt nichts mehr im Wege und am 16. März 1984, an meinem Namenstag, war Premiere an der grünen Isar.

Besuch im Valentin-Museum

Unter der zahlreich erschienenen Münchner Prominenz und Schickeria waren auch 16 meiner Grazer Stammtischfreunde, die am nächsten Tag in den Urlaub weiterflogen. Das vorwiegend aus Österreichern bestehende Personal wollte sie jedenfalls zum weiteren Verbleib überreden, da sie sich auch umsatzmäßig in die Herzen der Kellner getrunken hatten. Nach erfolgreich überstandener Premiere, hatten wir schwer zu arbeiten. Wir bestritten viele Galas, traten aber immer wieder auch in Graz und Wien auf. Ich wollte das so, um in der Heimat nicht in Vergessenheit zu geraten. Und schon im September kamen wir nach Graz,, um im Haus der „Geschützten Werkstätten" zwei Abende zu geben, die wir gleichzeitig auf Platte aufnahmen. Da der Reinerlös behinderten Jugendlichen zufloss, traten wir selbstverständlich ohne Gage auf. Nicht nur dass ich ohne Gage auftrat, musste ich auch noch bezahlen. Ich hatte Vizebürgermeister Erich Edegger einen neuen Witz um einen Schilling abgekauft. Immerhin hatten wir in diesen zwei Tagen 50.000 Schilling eingespielt, die ich im März des darauf folgenden Jahres dem Präsidenten von „Jugend am Werk", Landesrat Gruber, überreichen konnte. Anlässlich dieses Aufenthaltes stellten wir in Erich Müllers Keplerkeller die LP vor, die wir in den Werkstätten aufgenommen hatten. Was sich schon abgezeichnet hatte, wurde Anfang 1985 leider wahr. Frau Anni Kürt, 24 Jahre lang Besitzerin der „Rutsch'n", verkaufte dieses Lokal an einen Münchner Hotelfachmann, dem ich leider jegliche Qualifikation absprechen muss. Das bisher wunderbare Betriebsklima war mit einem Schlag frostig geworden und außer uns Dreien, wir waren schließlich die Attraktion des Hauses, wurden alle Österreicher von diesem Herrn hinaus gemobbt. Nach einer vierwöchigen Umbauphase sagte er zu mir, ich erinnere mich genau: „Schau, Herr Granditz, i hab die schönsten Toiletten von München." Das mag möglicherweise gestimmt haben, aber bezahlt hat er sie meines Wissens bis heute nicht. Zur Premiere erschienen jedenfalls der österreichische Handelsdelegierte, der Volksschauspieler Maxl Graf, der „Goldene Trompeter" Roy Etzel, die bayerische Fremdenverkehrschefin, Modemacher Moshammer, mein Freund Patrick Nielsen, von den „Nielsen Brothers"(‚Es gibt Millionen von Sternen'; ‚Tom Dooley'). Weiters die Söhne des berühmten Grazer Schauspielers Carl Möhner (Rififi), Gernot und Gunther sowie das Volksmusik-Duo Marianne und Michael – Michael stammt ja aus Köflach- und weitere Prominenz aus Wirtschaft, Kunst und Kultur. Nach der Premiere kündigte die Bürodame, Frau Spriessler, die von Beginn an Geschäftsführerin und Seele des Betriebes gewesen war. Und bald nach ihr ging auch der zweite Geschäftsführer Fritz Berchthold, der ebenfalls schon ein Relikt und vor allem ein erfahrener Mann war. Der „Münchner Merkur" berichtete damals: „Die ‚Wiener Rutsch'n' hat einen neuen Hausherrn. Wie wir alle wissen, „san a scho Hausherrn g'sturb'n." Der Hausherr und Gastronomiefachman, Inhaber der schönsten Toiletten München's „verstarb" bereits drei Monate später in der Arnulfstraße 155 an Totalversagen. Er nahm ein 24 Jahre existierendes Kleinod mit ins Grab und verschwand über Nacht auf Nimmerwiedersehen. Vorher hatte er die gesamte Belegschaft in das Lokal zu einer Aussprache sowie der Bezahlung der offenen Gehälter bestellt. Erschienen ist er nicht. Ein Mann, den man sich zwar nicht gerne, aber doch ewig merkt. Wir mussten sogar die Herausgabe unserer Papiere einklagen, was natürlich nicht von heute auf morgen zum Erfolg führte. Den Rest wickelte sein Bruder mit uns ab, was uns aber auch nichts mehr brachte. In diese Zeit fällt auch des Wiedersehen mit meinem Vater, der mit seiner zweiten Frau Centa, einer warmherzigen Person und seiner Tochter Ulrike, einer hochbegabten Künstlerin, in der Nähe Augsburgs lebte. Sohn Wolfgang, Chemiker

Mit meinem Vater, dessen Frau und meiner Schwester in Augsburg

und blitzgescheit, hatte es in die Porzellanstadt Selb verschlagen. Durch dieses Wiedersehen war ich blitzartig zu Bruder und Schwester gekommen, was ich sehr begrüßte. Trotz dieses Zusammenfindens durfte aber der Job nicht vernachlässigt werden.
Bald bekamen wir ein Angebot vom Besitzer des Lokales „Löwe und Raute". Leider gehörte dieses Haus der CSU und die bayerischen Volksparteiler ließen uns wegen der Gefahr von linksgerichteten Umtrieben nicht auftreten. Sogar unser Landesvater Josef Krainer, den ich angerufen hatte, intervenierte bei seinen deutschen Parteifreunden, aber es half alles nichts. Die vorgefasste idiotische Meinung, dass alle Kabarettisten politisch links angesiedelt wären, war nicht auszuräumen. Aber bekanntlich geht „a echter Wiener net unter". Zum Jahreswechsel führte ich beim Silvesterball im Hotel „Deutscher Kaiser", hoch über den Dächern von München, durch den Abend. Wir spielten unglaublich viele Galas und dazu noch dreimal wöchentlich im Hahnhof, in der Agnes Bernauer Straße. Zum Muttertag gastierten wir im Steirerhof, am 3. Juni 1986 in Kapfenberg und am 6. Juni, zur

Eröffnung der ‚Kaminstubn' in Deutschlandsberg, um dann wieder München und ganz Bayern unsicher zu machen. Wie schon 1982 und 86, spielte ich auch im Februar 1987 wieder am Wiener Opernball, was sich bis zum heutigen Tage ohne Unterbrechung fortsetzt. In grenzenlosem Übermut eröffnete ich im Frühjahr eine Bierkneipe in der Münchner Papenheimstraße, nahe dem Zirkus Krone. Der eigentliche Besitzer, die Spaten-Brauerei, nannte es ‚Graf Pappenheim', aber in der Folge wurde es Herbertl's Steh-und Schmähbeisl. Ich kochte auch, natürlich österreichisch, und schon bald wusste man meine Fleischlaberln mehr zu schätzen als die einheimischen Fleischpflanzerl. Nachdem ich auch gezeigt hatte, was man aus einer simplen Knackwurst alles machen kann, musste ich sie für die Stammgäste immer wieder importieren. Auch Klachlsuppe und Schilcher wurden sehr geschätzt. Bald kam meine Frau zur Unterstützung nach, damit ich weiter meinem eigentlichen Beruf nachgehen konnte. Es gelang mir eine richtige Familie aus Stammgästen aufzubauen und die Kontakte zu diesen Leuten sind bis heute nicht abgebrochen. Im Juni gab es einmal mehr einen überfüllten Panthersaal im Brauhaus Puntigam in Graz, denn ich hatte ein vierfaches Jubiläum zu feiern: 30 Jahre Bühne, 25 Jahre 3 Lauser, 15 Jahre Steirischer G'spass und den so unbequemen 50-er. Es war fantastisch. Eine bittere Pille war nur, dass Karl Pühringer, der Wirt, geglaubt hatte, mehr als 500 Fans mit nur drei Serviererinnen bedienen zu können. Aber egal, ein Erfolg war es allemal. Richtig gefeiert habe ich diesen runden Geburtstag mit meiner Frau allein in meinem Lieblingslokal in Schwabing und eine Woche später mit meinen Freunden. Und trotz meines Erlebnisses mit der lieben CSU gratulierte mir sogar Landesvater Dr. Franz-Josef Strauss, den ich einmal auf der Müchner Messe kennengelernt hatte, zum 50-er.

Wieder daheim

Meine Gastspiele in der Heimat hatten zwar zur Folge, dass ich trotz der vielen Jahre im Ausland, in Österreich noch immer präsent war, aber auch einen gewaltigen Nebeneffekt. Ich, der ich ein ausgesprochen bodenständiger Mensch bin, spürte, wie mir das Heimweh immer mehr zu schaffen machte und ich wieder nach Hause wollte. Und obwohl mir München und die wunderbaren Freunde, die ich dort gefunden hatte, eine wunderbare Zeit beschert hatten, wollte ich einfach nur heim. Im Nachhinein muss ich offen sagen, hätte ich diese herrliche Zeit in dieser schönen Stadt nicht erleben dürfen – es wäre ein Verlust für mich gewesen. Ich hatte einen Nachpächter für meine Kneipe gefunden, hatte mich schweren Herzens von meinen lieben Kollegen Peter und Herbert getrennt und war mit Sack und Pack an die Mur zurückgekehrt.

Mit meinem Münchner Freund und super Kollegen Peter Kindermann

Im November 1988 wurde ich „Kaffeesieder" im Café Wolfzettel in der Heinrichstraße. Unter dem Motto „KIK – Kunst im Kaffeehaus führten wir viele Veranstaltungen sowohl mit bildender Kunst als auch musikalischer Natur durch. Nachdem es geheißen hatte, die Annenstraße würde Fußgängerzone, machten wir den Fehler und übersiedelten dorthin. Fußgängerzone gibt es in der Annenstraße bis heute keine und nach weiteren fünf Jahren „Kaffeesiederei" hatten meine Frau und ich genug davon und sagten der Gastronomie adieu. Aus dieser Zeit stammt mein Spruch: „Der bessere Platz ist vor der Theke", und daran habe ich mich fortan gehalten.

Die 3 Lauser Ahnengalerie

1962-1970

von links: Herbert Granditz • Peter Peters • Herberth Bugkel

und Heute

von links: Herbert Granditz • Peter Peters • Herberth Bugkel

1971-1973

von links: Tommy Ryniewicz • Peter Peters • Herbert Granditz

1974-1977

von links: Pauli Hinterhauser • Herbert Granditz • Mandi Kothgasser

1977-1981

von links: Herbert Granditz • Pauli Hinterhauser • Peter Tabar

1982-1983

von links: Ewald Kienzl, Manfred Steflitsch, Herbert Granditz

1984-1989

...lustig...witzig...spritzig...lustig...witzig...

Die drei Lauser
Österreichs populärstes humoristisches Trio

von links: Peter Kindermann, Herbert Granditz, Herbert Stauber

Jetzt

– Das Opernballtrio –
von links: Viktor Poslusny • Herbert Granditz • Rudi Luksch

Ein Traum wird wahr

Es war zeitlebens mein Wunschtraum, mit einer eigenen, dem klassischen Kabarett verbundenen, Kabarettgruppe auftreten zu können. Nachdem ich aus München retour war, beschloss ich, anstatt wieder auf Musikersuche zu gehen, mir diesen Traum zu erfüllen. Also rief ich meinen Freund Helfried Edlinger vom Grazer Schauspielhaus an. Er war schon im Weinstadl Gast bei uns gewesen und wir kannten uns aus dieser Zeit. Wir trafen uns in der „Goldenen Pastete" und ich erklärte ihm, was ich vorhatte und fragte ihn, ob er mitmachen würde. Er sagte zu und so entstand im Sommer 1990 mein „Kabarett mit Schmäh". Edi, ein Vollblutkomödiant und herrlicher Schauspieler, brachte seine Kollegen Ute Radkohl und Eric Göller mit. Nach dessen Ausscheiden, bedingt durch Terminmangel, nahm Harald Perscha seinen Platz ein. Ebenfalls auf Vermittlung durch Helfried Edlinger gesellte sich auch noch Herbert Haiden, „weltweit", wie das oft zitierte „falsche Geld", als Gurkerl bekannt, als Licht- und Tontechniker zu uns. Mit ihm „lebe" ich jetzt seit 18 Jahren in „wilder Ehe" und nenne ihn aus diesem Grund liebevoll meinen „Sargnagerl". Am Klavier saß Gottfried Wurzwallner und Regie führte Dieter Gogg, alias ‚Amanda Klachl'. Von ihm und mir stammten auch die Textbeiträge.

Fehlte nur noch eine Spielstätte. Nachdem ich auf Umwegen auch dieses Problem gelöst und als Spielort das Annenhof-Kino gefunden hatte, startete ich am 16. November 1990 mit dem Programm „So gern es uns leid tut" in mein neues Kabarettleben.

Mit Harald Perscha, Ute Radkohl und Helfried Edlinger im Annenhof

Die Tänzerin

1990, nach meiner Rückkehr aus München, gründete ich mein „Kabarett mit Schmäh". Ensemblemitglieder waren Gottfried Wurzwallner am Klavier, Ute Radkohl, Eric Göller und Helfried Edlinger, alle vom Grazer Schauspielhaus, und Harald Perscha vom ORF. Regisseur war Dieter Gogg und für die Ton- und Lichttechnik war Herbert Haiden, besser bekannt als Gurkerl, verantwortlich. Das erste Programm hieß "SO GERN ES UNS LEID TUT" und Spielstätte war das Annenhofkino. Die Umstände konnte man nicht als ideal bezeichnen, denn wir mussten jedes Mal nach der letzten Kinovorstellung eine Art Windfang als Garderobe aufstellen, die Requisiten und Kostüme einrichten und konnten, wenn wir auf die Toilette mussten, nur den hinteren Kinoausgang, Richtung Niesenbergergasse, benutzen und uns am Parkplatz mit einem der dort gepflanzten Bäume „befreunden". Aber es funktionierte. In einer Szene spielten Göller, Edlinger und ich drei Tänzerinnen. Nun ergab es sich, dass Helfried Edlinger, schon ganz in Weiß, in Tutu und Strumpfhose, vor dem Auftritt plötzlich einen der besagten Bäume am Parkplatz aufsuchen musste. Er stand neben dem Bäumchen, stark wie eine finnische Eiche, und verrichtete seine Notdurft. Da geschah es, dass in der kaum beleuchteten Gasse ein altes Ehepaar, seinen Abendspaziergang absolvierend, in der Dunkelheit eine TänzerIN, aufrecht stehend ihre Notdurft verrichten sah. Beide starrten fassungs-

Eric Göller und Helfried Edlinger - Ballett

los auf die „weiße Frau" und beobachteten dieses biologische Wunder. Kollege Helfried konnte seine Tätigkeit begreiflicherweise nicht unterbrechen, sagte freundlich strahlend – er war jetzt zweifach strahlend- „Guten Abend": Das gab den beiden Alten den Rest. Eine Tänzerin, welche organisch nicht in Ordnung sein konnte und noch dazu eine Männerstimme hatte! Das war den beiden doch zu viel und sie verschwanden in der Dunkelheit. Allerdings kam Edi, als er wieder einmal sein Lieblingsbäumchen „umarmte", in eine ähnliche Situation, und zwar in Polizeiuniform. Daher war seine Haltung am Baum nicht auffallend aber dennoch nutzlos, denn ein junges Par, welches seinen Hund äusserln führte, blieb ebenfalls stehen und beschimpfte den vermeintlichen Polizisten: „Schau dir den scheiß Kiberer aun, der schifft da anfoch den Bam aun!" Die „Dame" legte mit den Worten „und ausgsoffn wird er a no sein!" noch einmal ein Schäuferl nach. Vielleicht hatte der Polizeifeind früher einmal für die gleiche Aktion Strafe zahlen müssen, wer weiß. Das Bäumchen soll sich dem Vernehmen nach jedenfalls später zu einem richtig strammen Baum ausgewachsen haben!

Café Erzherzog Johann

Folgende Geschichte ereignete sich ebenfalls im Annenhofkino. Ich hatte einen Sketch mit dem Titel „Im Café Erzherzog Johann" geschrieben und Helfried Edlinger spielte den Ober Franz, der köstliche Eric Göller spielte meine Freundin, die Hofratswitwe Amalie und ich war die „Frau Generalin" mit dem Namen Bernadette, ebenfalls Witwe, eben nach einem General. Eric Göller, vulgo Amalie, musste in dieser Szene sterben und das tat er auch. Doch eines Tages begab es sich, dass, als er sterbend den Kopf nach vorne sinken ließ, ihm die Frauenperücke und damit auch der schreckliche Hut, den er trug, über die Augen bis zur Nase rutschte und ihn dadurch zum Lachen brachte. Ich ging weiter im Text, musste aber dabei „Amalie" anblicken. Als ich sah, wie es die „Tote" vor Lachen schüttelte, als würden Stromstöße durch die gejagt, kannte auch ich kein Halten mehr. Ich konnte nicht mehr sprechen und lachte ebenfalls. Das griff natürlich auf das Publikum über und Helfried, der „Herr Franz", welcher auf sein Stichwort wartete, das aber nicht kam, wusste als alter Hase, dass auf der Bühne etwas Unvorhergesehenes vorging. Er kam mit steinernem Blick hervor, bemühte sich, uns nicht anzuschauen, aber es war vergebens. So lachten wir schließlich alle Drei und das gesamte Publikum mit uns. Der Sketch war nie mehr so ein Erfolg wie an diesem Abend.

Die Bedingungen im Annenhofkino waren nicht gerade ideal. Wir konnten erst um 20Uhr 30 beginnen, da wir immer das Ende des letzten Filmes abwarten mussten. Dann packte jeder an und wir bauten in Blitzeseile eine improvisierte Garderobe und die Dekoration auf. Der Saal fasste 240 Personen und wir waren fast immer ausverkauft und

Grazer Kabarett erfreulich bissig und scharfzüngig

Unter dem Motto „Mit Nachsicht aller Faxen" ist im Grazer Annenhofkino wieder Kabarett mit dem Ensemble „Granditz & Co" angesagt. Kabarett, das manchmal zu sehr auf Kalauer baut, aber über weite Strecken erfreulich Bissiges und Scharfzüngiges zu bieten hat. Vor allem Herbert Granditz zeigt sich endgültig seinen „Lauser"-Jahren entwachsen. Er besticht in jeder Hinsicht, so daß Ute Radkohl, Helfried Edlinger und Harald Perscha ganz schön zu tun haben, um mitzuhalten. Mit Nummern wie „Unter der Bruck'n", dem „Prager Wienerlied" und dem „Mozartgedenkzettel" schließen „Granditz & Co" durchaus an klassisches österreichisches Kabarett an. Auch wie die blauen Verkehrsüberwacher in der Landeshauptstadt durch den Kakao gezogen werden, ist fabelhaft und köstlich. -span-

KABARETT MIT SCHMÄH ist wieder im Grazer Annenhofkino angesagt. Herbert Granditz und sein Ensemble starten am Donnerstag ihr neues Programm unter dem Titel „Mit Nachsicht aller Faxen". Mit Granditz spielen Ute Radkohl, Helfried Edlinger, Harald Perscha. Am Klavier sitzt Gottfried Wurzwallner und Regie führt Dieter Gogg. Es geht um tagesaktuelle Inhalte und um klassisches Kabarett im Stil von Bronner und Farkas. Das erste Programm wurde von 7000 Besuchern in 38 Vorstellungen gesehen. Gespielt wird am 17., 18, 22. und 31. Oktober um am 2., 6., 8., 9., 14. und 16. November. Weitere Termine in Planung. Karten gibt es im Zentralkartenbüro. Die Shows beginnen jeweils um 20.30 Uhr im Saal 3.

Bissiges Kabarett (Ausschnitt)

die Kritiken in den Medien ausnahmslos positiv. Im Februar 1991 konnten wir nach 25 Vorstellungen bereits den 5000sten Besucher begrüßen und das Erscheinen des Mitschnitts auf Langspielplatte feiern. Kurz nach Beendigung dieses Erfolgsprogrammes begannen schon die Vorbereitungen für die zweite Spielzeit im „Annenhof". Das Programm trug den Titel „MIT NACHSICHT ALLER FAXEN" und Premiere war am 17. Oktober 91. Trotz des Erfolges mussten wir im Jänner 1992 die Segel streichen, da das Annenhofkino verkauft wurde. Ich glaube Michi Richter und ihrem Gatten tat es ebenso Leid wie uns, dass wir unsere Zusammenarbeit beenden mussten.

Obwohl man mir rechtzeitig mitgeteilt hatte, dass es zu einem Exodus kommen müsse, war es für mich schockierend nicht wegen eines Misserfolges sondern trotz Erfolges unser Ensemble auflösen zu müssen. Es war jedenfalls eine tolle Zusammenarbeit und allen hatte es Spaß gemacht. Um weiter arbeiten zu können, brauchte ich also einen neuen Spielort. Durch meine lange Abwesenheit von Graz war ich natürlich über solche Möglichkeiten nicht gut informiert, abgesehen davon, dass solche in Graz auch Mangelware sind. Eines Tages riet mir ein Bekannter, doch im Landhauskeller anzufragen, denn es gäbe dort eine kleine Bühne auf der schon Kabarett gespielt worden war. Das Reden von einer kleinen Bühne ließ in mir einen Plan reifen, den ich schon seit langem im Geheimen gewälzt hatte. Nämlich, einmal ein Soloprogramm auf die Bühne zu bringen.

Ich machte mich also auf, um mit Herrn Huber, dem Besitzer der Lokalität, über solch eine Möglichkeit zu sprechen.

Das „Weiße Rössl am Wolfgangsee"

Ich war im Hotel Post in St. Gilgen am Wolfgangsee engagiert und wie immer, war mein Freund und Tontechniker Herbert Haiden, vulgo Gurkerl, dabei. Eines Tages äußerte ich den Wunsch, das viel besungene „Weiße Rössl" zu besuchen, um dort etwas zu trinken. Heinz Müller aus Schladming, der das Hotel betrieb, war ein sehr umtriebiger Mensch und hatte Verständnis für meinen Wunsch, denn schließlich hatte ich die Lieder aus der gleichnamigen Operette schon – weiß Gott wie oft- interpretiert. Wir setzten uns in Richtung Anlegeplatz des Rundfahrtschiffes in Bewegung, trafen unterwegs noch einen Pianisten, den ich aus Bregenz kannte und waren 10 Minuten vor der Abfahrtszeit vor Ort. Das Schiff lief gerade aus, weil es schon voll besetzt war. Ziemlich zornig sagte Heinz Müller: „Mit uns nicht," und forderte uns auf ihm zu folgen. Nicht wissend wohin wir liefen, folgten wir ihm über Stock und Stein, durch Gärten und über Wiesen. Endlich kamen wir zu einem Motorbootankerplatz. Heinz sprang in eines der Boote, wir drei hinterher und er erklärte dem Besitzer, den er gut kannte, dass wir das Rundfahrtschiff unbedingt noch einholen müssten, bevor es St. Wolfgang erreichte. Der Mann sauste mit einem Ruck los, machte einen eleganten

Bogen und raste hinaus auf den See. Das Boot hüpfte auf und ab und ich klammerte mich so fest an Gurkerl, dass ein Fremder hätte glauben können, ein männliches Liebespaar vor sich zu haben. Das verfolgte Schiff kam in Sicht, wir erreichten es aber erst, als es schon anlegte und es die Passagiere bereits verließen und dem „Weißen Rössl" zustrebten, welches nur 50 Meter vom Anlegeplatz liegt. Wir gingen von der Seeseite her an Bord und setzten uns vorerst an die Bar, da noch nicht alle Passagiere das Schiff verlassen hatten. Heinz Müller war mit dem Kapitän befreundet, was, wie sich herausstellte, kein Nachteil sein sollte. Neben der Theke stand ein weißes Klavier und Christian, der Pianist, setzte sich an das Piano und begann wild darauf loszuspielen. Er war ein sehr guter Boogiepianist. Die Schiffsbar war bestens sortiert und wir machten reichlich Gebrauch von dem Sortiment. Trotzdem erklärte ich, ins „Rössl" zu wollen, welches ich durch die großen Fenster ständig betrachtete und das ja auch nur zwei Gehminuten von mir entfernt war und weswegen wir ja auch nach St. Wolfgang gekommen waren. „Du hast ja noch jede Menge Zeit", erklärte man mir. Die nächste Runde kam und wurde „beseitigt". Nachdem sich dieses Spiel stets wiederholte, war mein Wille gebrochen und es erschien mir gar nicht mehr so wichtig, ausgerechnet im „Weißen Rössl" etwas zu trinken, wo doch auch hier auf dem Schiff das Gute so nah war. Noch dazu hatten sie im „Rössl" keinen Boogiepianisten. In der Zwischenzeit hatte sich das Schiff wieder mit Passagieren, die nach St. Gilgen wollten, gefüllt. Wir legten ab und glitten langsam am „Rössl" vorbei auf den See hinaus. Ich winkte freundlich hinüber und war sehr stolz auf mich. Meine Zähigkeit hatte es mir ermöglicht dieses weltberühmte Kleinod wenigstens von außen zu betrachten. Ich kann ja immerhin dort auch ein anderes Mal etwas trinken.

Was für ein Tag

„Was für ein Tag" ist der Slogan von Doris und Günther Huber für ihren Landhauskeller und er hat auch für mich Gültigkeit. Denn als ich in den Landhauskeller kam, um mit Herrn Huber über die Möglichkeit dort aufzutreten zu sprechen, ahnte ich nicht, dass ich dort so viele Jahre bleiben würde. Basis dafür war und ist die intellektuelle Einstellung der Hausherren zu Kunst und Kultur. Und dass sie einen Teil dieser Einstellung für das Kabarett aufbringen, war für mich eben kein Nachteil. Dass aber aus dieser anfänglichen rein geschäftlichen Beziehung zusätzlich eine tiefgreifende Freundschaft entstand, die ihresgleichen sucht, ist der eigentliche Grund, warum für mich seit dem Betreten des Landhauskellers dieser Slogan ebenfalls Gültigkeit hat. Ich wünsche mir von ganzem Herzen, dass nach meinem Abgang von dieser von mir so unendlich geliebten „Kleinen Bühne" mit ihrer „riesigen" Garderobe einer nachfolgt, der dem Ehepaar Huber die gleich aufrichtige Dankbarkeit und Loyalität entgegenbringt wie ich das tue.

Mit meiner Familie in der Buschenschank

Nachdem ich mit Herrn Huber alles besprochen hatte und der Premierentermin festgelegt war, begann ich mir Gedanken über ein Programm zu machen. Meine Wahl fiel auf den Wiener Mundartdichter Anton Krutisch, mit dessen Texten ich eine Lesung machen wollte. Eine abendfüllende Lesung ist erstens kein leichtes Unterfangen und zweitens wollte ich etwas Neues machen. Ich setzte mich also mit meinem „Gurkerl" zusammen, um ein neues Programm zu basteln. Herbert, der er-

Kleiner Sprachführer

Abmandeln – fotografieren
Baamhackl – Hakennase
Chinesenschotter – Reis
Dachhase – Katze
Einghackter – Narbengesicht
Flauchen – stehlen
Gitsch – leichter Rausch
Hangerlritter – Kellner
Jtzler – Tritt ins Gesäß
Jungbugl – Anfänger
Karaffindl – Behälter für
　　　　　　Essig und Öl
Lausallee – Scheitel
Magerln – nerven
Napfezer – Nickerchen
Ohagass'n – Sackgasse
Palanzer – Bettler/Tagedieb
Quargelstecher – Pedant
Randstaanhummel – Moped
Saugerl – Untersuchungsrichter
Tschinäuler – Arbeiter
Ummebuxen – austrinken
Verkobern – verkuppeln
Watschenkadi – Bezirksrichter
Xibberl – Kassiber
Zögerlscheisser – Zauderer

Landhaus-Keller

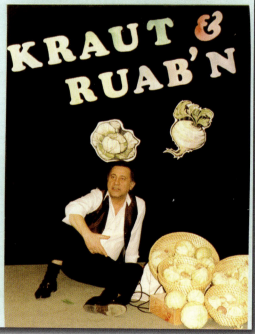

Kleine Bühne im Landhauskeller
Schmiedg. 9, Graz
Tel. 83-02-76

KRAUT u. RUAB'N
HEITERE GESCHICHTEN
MIT
HERBERT GRANDITZ

Kleiner Sprachführer für Nichtwiener

fahrene Tontechniker, und ich, der zweite Herbert, der unangenehme Mensch, der ständig unzufrieden war. Wir untermalten Textstellen, ließen Bremsen quietschen, Autotüren knallen und zur Freude Gurkerls sogar Vögel zwitschern. Dies alles musste an den richtigen Textstellen eingespielt werden. Und so schafften wir eine Lesung, wie sie vor uns noch keiner gemacht hatte. Am 6. März 1992 war Premiere auf der „Kleinen Bühne im Landhauskeller". Ich hatte zehn Vorstellungen angesetzt und wie in Graz üblich, wurden sofort böse Stimmen laut, die da meinten: „Jetzt is er größenwahnsinnig, der Granditz. Mehr ois fünf Lesungen traut si net amoi a Schenk in Graz mochn." Zu meiner Befriedigung sei hier vermerkt, dass alle zehn Abende ausverkauft waren. Ebenso alle acht Vorstellung nach der ersten Verlängerung im April, wie die fünf Vorstellungen nach der zweiten Verlängerung im Mai und zu guter Letzt auch alle fünf Vorstellungen im Juni. Mehr möchte ich darüber nicht sagen.

Auf der Kleinen Bühne

Das „Kabarett mit Schmäh" ist heute in Graz ein Begriff geworden, auf den ich stolz bin, weil ich dies als Lohn für harte Arbeit betrachte. Ebenso wie auf den Erfolg meiner Lesung „Kraut und Ruabn", den mir niemand zugetraut hatte. Leider brachte mir das Jahr 1992 auch einen herben Verlust. Zwei Tage vor meinem Geburtstag verstarb meine geliebte Mutter, die, obwohl sie den Weg den ich einschlug anfangs nicht goutierte, viele Opfer brachte, um mir meine Karriere zu ermöglichen. Obwohl mir natürlich nicht nach Heiterkeit zumute war, musste ich den Weg, den ich eingeschlagen hatte, weitergehen und weiter Kabarett machen. Und das wieder mit Helfried Edlinger. Dieter Gogg und ich lieferten die Texte zu einem neuen Programm, welches ich „MUNDWERK HAT GOLDENEN BODEN" betitelte. Gogg führte auch Regie und der 28. Oktober war als Premierentermin vorgesehen. Der Termin musste aber verschoben werden, da Helfried und ich in der Fernsehserie „Die Leute von St. Benedikt" beschäftigt waren, aber keine gemeinsamen Drehtage hatten. Am 31. Oktober aber war es dann so weit. Mit Peter Dominik am Klavier lief eine absolut erfolgreiche Premiere vom Stapel und wir spielten das Programm bis April 1993. Danach kam es wieder zu einer vorübergehenden Trennung, da ‚Edi' am Schauspielhaus so sehr beschäftigt war, dass er kaum freie Termine hatte, um Kabarett zu machen. Im Juni hob ich gemeinsam mit Dieter Gogg ein Sommerkabarett aus der Taufe, welches nur im Juni und Juli laufen sollte. Als wir aber bis Mitte August verlängern mussten, witterte ich noch mehr Erfolg und entschloss mich dazu, im September noch vier Wochen anzuhängen. Ich hatte mich nicht geirrt. Nicht weil mir fad geworden wäre, sondern weil ich musste, ging ich im Oktober solo auf Tournee. Wieder daheim, bastelte ich mit Dieter Gogg schon wieder an einem neuen Programm mit dem Titel „DIE ZWEI-GOSCHEN-OPER". Danach planten wir wieder ein Sommerkabarett mit dem Titel „EINMAL WIEDER PLÜNDERN".

Blödel sei der Mensch

Es war Mitte der Neunziger. Ich hatte mit Dieter Gogg ein Programm einstudiert und der Premierentermin war bereits fixiert. Plötzlich, zwei Wochen vor der Premiere, erkrankte mein Partner so schwer, dass er einfach nicht arbeiten konnte und absagen musste.
In unserem Beruf sind #Absagen stets eine Katastrophe. So war es auch diesmal. Einerseits für Dieter Gogg, andererseits natürlich auch für mich. Eine Absage der Premiere war schon aufgrund der bereits erfolgten Werbung nicht mehr möglich. Guter Rat war teuer. Ich erkannte, dass es nur einen einzigen Ausweg gab. Ein anderes Programm. Also setzte ich mich hin und schrieb mir einen 90 Minuten langen Monolog, textete ihn um und lernte ihn auswendig. Zeit hatte ich ja genug – immerhin vierzehn Tage. Die Nerven lagen blank, aber es ging, das sei vorweggenommen, alles gut. Aber nun zum Stück selbst:

Mit Dieter Gogg

„Blödel sei der Mensch"

Ich spielte einen Arbeitslosen, der vom Arbeitsamt ausnahmslos nur Jobs angeboten bekam, die er allesamt nicht annehmen konnte, da sie nicht seinen Fähigkeiten entsprachen. Auf der Bühne war ein Wohnzimmer aufgebaut und die Hauptrolle spielte ein Kühlschrank, welcher vollgefüllt mit Bier war. Ich hatte als Gag ein parodistisches Wortspiel auf die Bierwerbung im Fernsehen eingebaut und dazu musste ich eine Flasche aus dem Eiskasten nehmen und den entsprechenden Text sagen. Es war die letzte Vorstellung, wir waren ausverkauft und es kam die Stelle mit der Bierwerbung.
Ich machte also den Kühlschrank auf, griff hinein, um eine Flasche Bier herauszunehmen und erstarrte. Der „Eisige" war vollgefüllt mit Mineralwasser. Ich schwitzte „Blut und Wasser" und ein kühles Bier hätte mir als „Schocktherapie" jetzt gut getan. Ich sprach einen Moment gar nichts, sagte dann einige erfundene Sätze und dachte angestrengt über einen Gag mit Mineralwasser nach. Da mir nichts Originelles einfiel, blieb mir nur zu beteuern, dass Wasser gesund sei und ging im Text weiter. Das Wichtigste war, dass es keine Unterbrechung gab.
Was aber war passiert? Beim „Begräbnis", also der letzten Vorstellung eines Programms, wird allerhand Schabernack getrieben und so auch diesmal. Das Opfer war ich. Schon am Nachmittag hatten die lieben Kollegen einschließlich unseres Hausherrn Günther Huber den Kühlschrank vom Bier befreit und es durch Wasser ersetzt. Mein Text war wertlos geworden. Das Stück hieß eben nicht nur „Blödel sei der Mensch", Kurzzeitig war ich auch wirklich einer gewesen.

„Blödel sei der Mensch" lief länger als geplant. Anfang 95 spielte ich wie immer am Opernball und im März starteten Dieter Gogg und ich mit „JA, DA HAMMA SCHO GNUA.." die neue Saison.

AXIWIZINTHI
Wie immer nach einer Vorstellung im Landhauskeller, gingen wir, mein damaliger Kollege Dieter Gogg, Inspizient Alex Kaniuk und unsere Garderobenfrau Renate, zu meinem Freund Erich Müller in den Keplerkeller. Unser Tisch war wie immer reserviert, wir bestellten das obligate Bier, das „Nachvorstellungs-Bier" schmeckt am allerbesten, und dazu drei ‚Axiwizinthi'. Die Servierin ging zur Theke, teilte der Kollegin unsere Bestellung mit und von unserem Platz aus konnten wir sehen, wie diese nach einer Flasche ‚Axiwizinthi' suchte, sie aber unmöglich finden konnte, da es diesen Schnaps gar nicht gab. Allerdings könnte man dabei ja im Unterbewusstsein an Aquavit oder Absinth denken. Beim ‚Axiwizinthi' handelte es sich aber um ein erfundenes Getränk. Das nette Fräulein fragte uns noch einmal nach dem Namen, wir buchstabierten diesen und beschrieben den Geschmack ganz genau. Und wieder begann die Sucherei – natürlich er-

gebnislos. In ihrer Hoffnungslosigkeit bat die Arme ihren Chef um Hilfe und fragte, wo denn die Flasche mit dem ‚Axiwizinthi' stünde. „Wos wass den i, wo's es wieder hingstellt habts", war die mürrische Antwort. Aber dennoch begab er sich zum Regal und suchte mit. Ohne Erfolg. „Gehen'S in den Keller und holen'S ane", schickte er das Servierfräulein auf den sinnlosen Weg in die Tiefe. Während die Ärmste im Keller suchte, urgierten wir, bestellten noch ein Bier und warteten darauf, was kommen würde. Nach dem die Servierin aus dem Keller zurückgekehrt war und berichten musste, dass auch im Gewölbe keine einzige Flasche ‚Axiwizinthi' zu finden sei, brach ein Donnerwetter über die beiden Damen herein, weil sie offensichtlich vergessen hatten dem Chef zu berichten, dass dieses hochprozentige Gut ausgegangen war. Das war der Moment, in dem wir, wegen der beiden Unschuldigen, den Spaß zugeben mussten. Danach hatte Herr Müller selbstverständlich auch noch einige nette Worte für uns parat. Als Trost für meinen Freund Erich und als Notlösung für uns, verleibten wir uns dann halt einen simplen Obstler ein. Ich bin mir aber nicht ganz sicher, ob Herr Müller beim nächsten Einkauf im Getränkemarkt nicht doch nach einer Flasche ‚Axiwizinthi' gesucht hat.

Teufel und Engerl

1996 spielte ich in der beliebten Sendung „Oh, du mein Österreich" mit Harry Prünster, dem Hias und Adriana Zartl, fünf verschiedene Rollen. Unter anderem auch den Teufel und das war mehr als teuflisch. Eine Szene spielte auf einer alten Loambudlkegelbahn in der Nähe von Bad Gleichenberg. Der Dreh begann um 13 Uhr und es hatte cirka 30 Grad im Schatten. Mein Teufelskostüm war ein Ganzkörperpelz mit abnehmbarem Kopf. Zu trinken gab es so gut wie nichts. Volle zwei Stunden wartete ich bei dieser Hitze, eingepfercht in meinem Pelz, darauf, bis ich an der Reihe war. Es war, glaube ich, ein Vorgeschmack darauf, was einmal auf mich zukommen wird. Aber ich dachte nicht im Entferntesten daran, dass es noch schlimmer kommen würde. Aber ich irrte. In weiteren Rollen spielte ich einen König und dazu meinen eigenen Untertanen. Einen ebensolchen mimte auch der Hias und Adriana erschien als Engerl. Hias und ich wurden zu Kürbissen, weil wir uns mit dem Teufel eingelassen hatten. Dazu mussten wir beide uns in einen Straßengraben legen und wurden mit Blättern und Gräsern bedeckt, bis nur mehr unsere Köpfe zu sehen waren. Wie bei Film und Fernsehen so üblich, mussten wir uns wieder in Geduld fassen. Die Szene wurde immer wieder gedreht. Nach einiger Zeit stellte sich bei uns ein menschliches Rühren ein und wir wollten aufstehen und uns im nahen Kukuruzfeld erleichtern. Das erlaubte aber Peter Hackl, der Regisseur, ganz und gar nicht. Die Position *musste selbstverständlich eingehalten werden. Ich vermutete stark, dass der Kameramann als Schelm fungierte und die Szene öfter drehte als nötig, nur um uns keine Gelegenheit zu geben, das rettende Feld zu erreichen. Die Maskenbildnerin dürfte ebenfalls auf seiner Seite gewesen sein. Sie hatte nämlich einen schwarzen Hund namens Tequila und forderte diesen ständig auf, endlich sein Lackerl zu machen. Als der Hias und ich unter Schmerzen endlich zu Kürbissen mutiert waren, warfen wir das und bedeckende Grünzeug ab und ich bat Adriana, in meiner momentanen Unbeholfenheit, mir das Tor zur Glückseligkeit zu öffnen. Sie spielte nicht nur meinen Engel, nein, sie war auch einer und tat es. Ich rannte los, ebenso der Hias. Wieder sah man nur unsere Köpfe. Diesmal aber auf Höhe der Maiskolben. Die Ernte dürfte in diesem Jahr besonders ertragreich gewesen sein. Jedenfalls kann Adriana Zartl für sich in Anspruch nehmen, dass sie die einzige hübsche Frau war und ist, vor der ich davonrannte, als sie bereits mein Hosentor geöffnet hatte.*

Die ewigen Terminschwierigkeiten, die ‚Edi' wegen der vielen Vorstellungen, die er im Schauspielhaus zu bewältigen hatte, hatte, waren natürlich einer dauerhaften Zusammenarbeit mehr als im Wege und wir trennten uns, um beide in Ruhe arbeiten zu können. Er am großen Haus und ich für meine „Kleine Bühne":

Ein neuer Weg

Ich beschloss einen neuen Weg einzuschlagen und fortan nur mehr Soloprogramme zu spielen. Heimo Puschnigg, der ‚Edi' und mich schon beim „Phantom" am Klavier begleitet hatte, blieb weiter als Pianist dabei. Für Licht- und Tontechnik blieb, wie seit jeher, unser „Gurkerl" verantwortlich und für Inspizienz und Requisite zeichnete Alex Kaniuk. Dieses Team, welches zu einer verschworenen Gemeinde zusammenwuchs, arbeitet auch noch heute mit mir. Was will man noch mehr?

Das Team vom „Kabarett mit Schmäh": Herbert Granditz A. Kaniuk, H. Haiden und H. Puschnigg. Verdeckt hinter dem Klavier sitzend Renate Schweiger, unsere Garderobenfrau

Aus dem Publikum wurden immer wieder Wünsche nach alten ‚3Lauser' Hits laut. Damit war auch schon die Idee für das neue Programm geboren: „DIE 3 LAUSER-STORY" mit dem Untertitel "Das Beste aus 30 Jahren". Und die „alten Bekannten" wurden vom Publikum äußerst positiv begrüßt. Dazu feierte ich mein 40-jähriges Berufsjubiläum im Landhauskeller, um im Anschluss daran auf Einladung meines Freundes Fritz Trunkenpolz nach 25 Jahren Arbeit, an der Côte d'Azur wieder einmal Urlaub zu machen. Die nächsten Programme hießen „SCHMÄHWALZER", „STARKER SCHMÄHFALL" und „TANZ DER KASSIERE". Im Nachhinein betrachtet, hatte ich bis dato keinen Grund meine Entscheidung, allein weiterzumachen, zu bereuen gehabt. Dadurch, dass ich für die Gestaltung des Programms allein verant-

wortlich war, ging mir das Schreiben auch viel leichter von der Hand und ich hatte keinen Mangel an Ideen. Wenn man schon zu Beginn eines Jahres wüsste, ob es erfolgreich werden würde, könnte man mit Sicherheit viel Zeit und Nerven sparen. Das wäre auch 2001 so gewesen, wenn ich eine Ahnung davon gehabt hätte, dass es ein gutes Jahr werden würde. Und es wurde ein gutes Jahr. Im Mai nämlich las ich im Steiermarkhaus in Brüssel, natürlich vor deutschsprachigem Publikum, aus meinem Programm „Kraut und Ruabn", das ich auch schon bei den Wiener Festwochen mit viel Erfolg vorgetragen hatte, und zusätzlich fand am Abend im selben Saal meine Vernissage statt.
Im Oktober wurde mir vom Herrn Bundespräsidenten der Berufstitel Professor verliehen. Als ich im Vorfeld zu dieser Ehrung vom Bundeskanzleramt einen Brief mit der Aufforderung einen künstlerischen Lebenslauf zu schicken erhielt, glaubte ich, einer meiner Wiener Freunde hätte sich das entsprechende Briefpapier besorgt und verarsche mich. Dementsprechend fiel auch meine Antwort aus. Zum Glück verfügte man am Ballhausplatz über eine gehörige Portion Humor und so teilte man mir mit, dass ich die ganze Angelegenheit ernst nehmen solle.

Dass mein nächstes Programm den Titel „WEH DEM, DER'S KRIEGT" trug, hat aber nichts mit der Verleihung dieses Titels zu tun. Obwohl wir anlässlich der Verleihung im Arbeitszimmer vom damaligen Lan-

Mit Landeshauptmann Klasnic

Im Tonstudio

deshauptmann, Frau Waltraud Klasnic, schon etwas kriegten. Meine Familie und meine Freunde, die ich einladen durfte, wurden im Büro der ‚Landesmutter' ganz vortrefflich bewirtet. Und obwohl über den ganzen Raum eine gewisse Feierlichkeit schwebte, verlief dank der Frau Landeshauptmann alles völlig locker und familiär. Die Meisten meiner Freunde und vor allem die Pressefotografen, die mich schon weiß Gott wie oft auf Zelluloid gebannt hatten, erstarrten bei meinem Eintreten, denn – ich trug eine Krawatte. So hatten sie mich vorher noch nie gesehen. Als mich die Landesmutter mit den Worten „machen Sie doch Ihre Krawatte auf, bevor Sie hier neben mir ersticken" glücklich gemacht hatte, gab ich ihr insgeheim sofort den Ehrentitel „Waltraud, die Gütige". Ob sie das weiß?
Man kann sich auf diesem und jenem ausruhen - nur nicht auf Erfolgen, wie viele Menschen fälschlich glauben. Ich arbeitete weiter an meinen Programmen, machte Galas und schrieb mein Buch mit dem erfolgsträchtigen Titel –na?
Natürlich „Weh dem, der's kriegt", und schaffte auch noch einen Auftritt im Landhauskeller mit der „3 Lauser Seniorentruppe". Ich schrieb, malte, nahm eine CD nach der anderen auf. Im September 2005 wirkte ich bei einer TV-Sendung, wieder mit Harry Prünster sowie der Jazz-Gitti und dem Startrompeter Toni Maier, mit. Diesmal sogar in Graz, im Glöcklbräu.

GESELLSCHAFT

Herbert Granditz: "Kraut und Ruab'n"

Zu einer Lesung mit einem gewissen Herbert Granditz hatte das Steiermark-Büro eingeladen. Halt: "Paint-Reading" stand da bei einem zweiten Hingucken, Untertitel: "Malerei und heitere Vorstadtliteratur". Grandios. Aber immerhin: "Der Schüler der beiden akademischen Maler [sic!], Prof. Ernst Höffinger und Prof. Josef Stoitzner, hat erste Preise bei Wettbewerben für Glasfensterentwürfe und Plakate erlangt." So stand es geschrieben.

Eigentlich also konnte man da gar nichts falsch machen. Zumal: "Die Werke von Herbert Granditz wurden bisher über fünfzigmal im In- und Ausland ausgestellt [allerdings ohne sächsischen Genitiv]. Seine Arbeiten sind im Privatbesitz von Sammlern in Österreich, Deutschland, der Schweiz, Frankreich, Italien, Japan, Kanada und den USA."

Gediegene Kunst eben. Also machte sich der Kunstfreund auf den Weg. Nicht gelesen hatte er das Kleingedruckte: "Herbert Granditz wurde 1938 in Wien geboren und lebt in Graz als Autor, Musiker und Kabarettist." Kabarettist. Nun, vielleicht war das mit dem 'mal lesen gar keine so schlechte Idee.

Wie sich herausstellte, war es das auch wirklich nicht. Nachdem sich Herr Granditz vom mitgereisten Staatssekretär nur ganz unwesentlich lang hatte bitten lassen, legte er los. Und der Autor dieser Zeilen seinen Federhalter wieder weg, weil er nämlich zum einen höllisch aufpassen mußte, alles zu verstehen [Piefke, Fast-Niedersachse usw., d. Red.], weil es zweitens wirklich lustig war und weil drittens die Zeit im Hui verflogen war.

Und so kam es, daß die Bilder des Herbert Granditz erst im nachhinein angepriesen werden konnten, und auch das war schade. Denn wann hat man einmal die Gelegenheit, Werke wie "Der Fuchs kommt" neben "Die Hausfrau Daniela G. nach d. Prozeß gegen ihren Friseur" zu sehen. Aber auch "Inspektor H. ist stolz auf seinen neuen Nadelstreif" hat uns gefallen. jb

---

Das ist's ja, was den Menschen zieret, und dazu ward ihm der Verstand,
daß er im innern Herzen spüret, was er erschafft mit seiner Hand.

DEUTSCHER HANDWERKSBETRIEB SUCHT
LEHRLING IM DACHDECKERHANDWERK

Wir bieten eine fundierte Ausbildung mit garantierter Anstellung bei uns oder in einem anderen Unternehmen nach abgeschlossener Lehre.

Wir arbeiten auf der ganzen Bandbreite der im Dachdeckerhandwerk anfallenden Arbeiten und haben mit unserem Firmensitz in Brüssel ein anspruchsvolles und lehrreiches Arbeitsgebiet.

Wir erwarten wirkliches und wachsendes Interesse, Liebe zum Beruf sowie die Bereitschaft, selbständig zu arbeiten und Verantwortung zu übernehmen.

 Ihre Bewerbung senden Sie bitte an:
H.W.H. TOITURES S.P.R.L.
ARDOISIER-ZINGUEUR
54, rue de Savoie · 1060 Bruxelles · Tel./Fax: 02/538.60.10

Fax-Abo: 02/766.16.19

Das Konzept der Brüssel-Rundschau hat mich überzeugt. **Daher abonniere ich die Zeitung** ab sofort zum Preis von 1.250 BF für die nächsten 25 Ausgaben. Ich überweise den Betrag auf das Konto KBC 734-1813603-03 oder lege diesem Coupon einen Euroscheck bei.

Name: Vorname:

Anschrift:

Tel.:   Fax:

Unterschrift: Datum: 100

Nr. 100 29. Juni - 30. August 2001 50 BEF/1,25 €

BRÜSSEL-RUNDSCHAU
100. Ausgabe

Zeitung für Brüssel · Im Deutschsprachigen Zentrum (DGZ) · Lange Eikstr. 82 · 1970 Wez.-Oppem

Erscheint alle drei Wochen, nicht im August   ·   Bureau de dépôt: Bruxelles 20 / Afgiftekantoor: Brussel 20

Brüssel Rundschau

Urkunde

Der Bundespräsident hat über Antrag
des Landeshauptmannes von Steiermark

Herbert GRANDITZ

mit Entschließung vom 24. Oktober 2001, Zl. 701073/124-BEV/2001

den Berufstitel

PROFESSOR

verliehen.

Landeshauptmann Waltraud Klasnic

Verleihungsurkunde

DER BUNDESKANZLER
DER REPUBLIK ÖSTERREICH

beurkundet hiermit, dass der Bundespräsident
mit Entschließung vom 24. Oktober 2001

Herrn
Herbert Granditz
Kabarettist und Maler

den Berufstitel

PROFESSOR

verliehen hat.

Wien, am 6. November 2001

Mit der Jazz Gitti und Harry Prünster

Herbert Granditz als Franz Schubert

Daneben kümmerte ich mich ständig um die Agenden des „Kleinkunstverein Graz", den ich 1995 gegründet hatte und dem ich seit meinem Rücktritt als Obmann als künstlerischer Beirat ehrenhalber die Geschäfte führe. Seit meiner Pensionierung kann ich ohne Druck das tun, was ich am liebsten mache – Kabarett!
Der Kleinkunstverein in Verbindung mit der großzügigen Unterstützung von Herrn Huber hat einiges zu vermelden. Immerhin brachte ich großartige Leute wir Gerhard Bronner, Kammersänger Heinz Holecek, Josefstadtschauspieler Alexander Grill oder den Maler Prof. Helmut Kies, der der Schule des Wiener Phantastischen Realismus angehört, den genialen Maler und Akkordeonvirtuosen Prof. Karl Hodina, Österreichs besten Jazzgitarristen Gerd Bienert, den italienischen Meisterfotografen Walter Barbaro und viele andere Künstler.

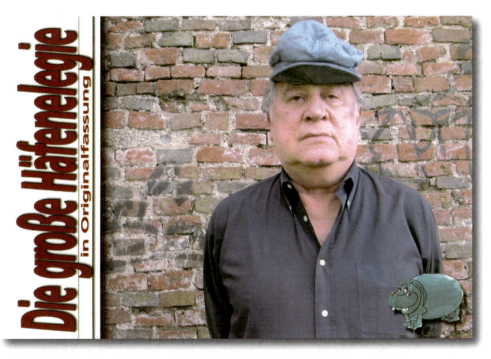

Die ‚Häfenelegie'

Es gab Vernissagen, Konzerte und Lesungen, denen noch viele folgen werden. Aber auch die Kabarettprogramme im Landhauskeller werden weitergehen. Im Herbst 2005 war mit der „REISE NACH ABSURDISTAN" wieder ein Hit gelungen. Im Mai 2006 suchte ich eine neue Herausforderung als Schauspieler und konnte mit der Wiederaufnahme der berühmten „Häfenelegie" von Herwig Seeböck, mit viel Erfolg beweisen, dass ich mich auch in diesem Metier bewegen kann. Dass ich sicher wieder Theater spielen würde, stand für mich danach fest.

Helfried Edlinger ...

... in „Das Phantom der Ober"

... in „ Im Café Erzherzog Johann"

... als singender Ober im Phantom

... als Mucki mit Freund Bodo

Juli 2006

Trotz Sonnenscheins war der Juli 2006 aber mehr als verhangen . Am 10. Juli verstarb mein langjähriger Kollege und Freund Helfried Edlinger, dem ich auch als Trauzeuge beigestanden bin und der 1990 Gründungsmitglied meines Kabaretts war. Der Vollblutschauspieler und Erzkomödiant war nicht mehr. Ein heute noch bestehender und vom Publikum erwarteter Bestandteil meiner Programme ist der Sketch „Adel ohne Tadel". Edi spielte den Mucki und ich den vertrottelten Bodo. Er spielte diese Figur so hinreißend, dass ich nach seinem Ausscheiden diese Rolle gestrichen habe, da kein anderer nur annähernd in der Lage gewesen wäre, sie so darzustellen wie er. Das Schlimmste war aber, dass ich bedingt durch einen Kreislaufkollaps nicht an seiner Beerdigung teilnehmen konnte. Ich vermisse ihn und diese Fotos sollen dazu beitragen, dass er nicht vergessen wird.

Mit Heimo Puschnigg in „Tatort Österreich"

Opernball

2007 wurde in Österreich das Mozartjahr begangen und ich musste nicht lange nachdenken, um einen guten Titel für mein neues Programm zu finden. Und so entstand „MOZARTELLA, KAS AUS ÖSTERREICH". Es war wirklich ein gelungenes Programm und Heimo profilierte sich immer mehr auf dem schauspielerischen Sektor. Über seine Fähigkeiten am Klavier auch nur ein Wort zu verlieren, wäre müßig. Auch die Meinungen aus dem Publikum bestätigen mir, dass wir uns immer besser aufeinander abstimmen, und das macht uns beiden natürlich noch mehr Spaß. Und das nach immerhin 11 Jahren gemeinsamer Bühnenarbeit.

Im Oktober 2007 stiegen wir vorläufig zum letzten Mal zu einem 15-Runder namens „KABALE UND HIEBE" in den Ring. Und dies bis Mitte April 2008. Nach sechs harten Monaten mit vielen Auftritten ist man schon sehr müde und hat das Bedürfnis, sich etwas Ruhe zu gönnen. Aber das ist weder mir noch Heimo beschieden. Heimo ist ja, nebenbei' im Hauptberuf Professor an der Musikuni. Bei mir war es zum Einen mein 23. Opernball zum Zweiten ein Auftritt mit dem berühmten Heurigenkabarett „Die Stehaufmandln", was dazu führte, dass ich mit meinem Freund aus Kindertagen Peter Peters, der 1962 mit mir die legendären ‚3 Lauser' gegründet hatte, nach sage und schreibe unfassbaren 32 Jahren wieder gemeinsam auf der Bühne stand. Zum Zweiten, dass ich gezwungen wurde, diesen Rückblick auf mein bisheriges Leben zu verfassen. Für jene Personen, denen ich diese Arbeit verdanke, hatte ich beim Schreiben keine guten Worte im Gepäck, habe ihnen aber , großmütig wie ich nun einmal bin, bereits verziehen. Die eigene Biographie schreiben zu müssen, ist bei Gott, kein leichter Job. Giovanni Guareschi, der Autor von, Don Camillo und Peppone' hat einmal gesagt: „Wer keinen Biographen findet, muss sein Leben eben selbst erfinden ." Aber sagen sie selbst: Hätte ich mein Leben so erfinden können wenn es sich nicht so abgespielt hätte? Eines kann ich dem geneigten Leser jedenfalls versprechen. Einen Folgeband wird es sicher nicht geben – so viel Zeit bleibt mir leider nicht mehr.

Aber immerhin bleibt mir noch Zeit zu sagen: „Es war nicht immer schön und trotzdem hat es mich gefreut."

Mein Bilderbuch

„Schmäh und Co"

von links: „Ur-Lauser" Herbert Bugkel, „Alt Spitzbub" Helmut Reinberger, Herbert Granditz, Gitarren-Ass Gerd Bienert, „Stehaufmandl" Peter Peters und Karl Hodina

Eine „Tripple-Conference" mit Prof. Jürgen Schmidt und Ernst Waldbrunn

Mein Bilderbuch

In meiner Wiener „Wohnung", der Buschenschank Wolff in Neustift a. Walde

von links: Prominenten Schneider Peppino Teuschler, Hanns Schmidt vom Cafè „Schmid Hansl", Frau Teuschler und Hausherr Peter Wolff

Franco Andolfo und Big Band Leader sowie Freund Axel Rot in der Kantine der Wiener Staatsoper

Mein Bilderbuch

Der Glenn Miller am Akkordeon, Rudi Luksch. Freund und Partner aus Jugendjahren

Mister „Senioren-Club", Sekretär Willi Kralik

Mit Wien's Bürgermeister Dr. Michael Häupl anlässlich der Weintaufe beim „Wolff" in Neustift

Mein Bilderbuch

Die Kabarettistischen Platzhirsche in Graz. Gerda Klimek und Sepp Trummer sowie Heimo Puschnigg

Komponist und Dirigent Kurt Schmid mit Hausherren Prof. Peter Kotauczek nach meiner Lesung auf der Burg Hartenstein

Mit Heimo und Ingrid Thurnher in der Schladminger Tauernhalle

Mein Bilderbuch

Mit Gerd Bienert und Karl Hodina im Jazzland in Wien

Hans Peter Heinzl bei meiner Vernissage in der Galerie Eroica, in Wien

Mein Bilderbuch

1983 mit Rudolf Carl nach einem gemeinsamen Lied

Mein erklärter Liebling Maxi Böhm

Mein Bilderbuch

„Mein" Wiener Bezirksvorsteher – Adolf Tiller

Mit Annemarie Moser-Pröll und ihrem
Mann Herbert im Futtertrögl in Graz

Mein Bilderbuch

Mein erster Regisseur Peter Hey

Mit meinem „Geburtshelfer"
Gerhard Bronner

Mit ADABEI Roman Schliesser

Mein Bilderbuch

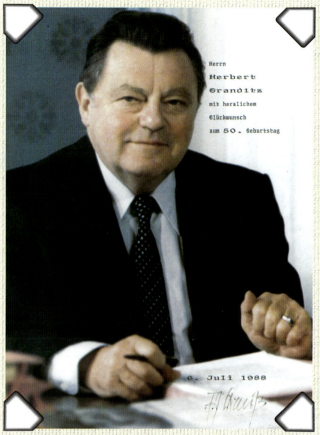

Ministerpräsident
F. J. Strauss, Bayern

Freund und Grazer
Vizebürgermeister
Erich Edegger

Mein Bilderbuch

Bürgermeister Alfred Stingl mit Gattin. Im Hintergrund Erich Müller

LH. Dr. Josef Krainer

Mein Bilderbuch

Mit Heinz Conrads im TV

Fritz Muliar

Mit Ihm habe ich mehrere TV-Sendungen gemacht

Mein Bilderbuch

Bundeskanzler Sinowatz
nach einem Auftritt
in der Weststeiermark

Signiert von
Bundeskanzler
Dr. Josef Klaus

Mein Bilderbuch

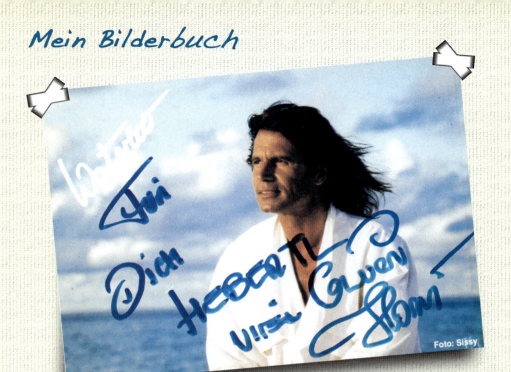

Mein alter Kumpel aus den 70'ern

Max Schautzer
TV Star (BRD)
Ein Super-Typ!

Mein Bilderbuch

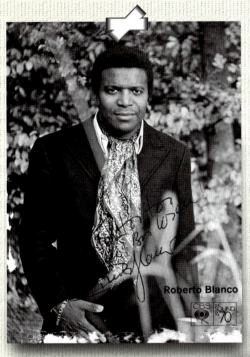

Ein „bisschen" Spass mit Ihm gab es auch im Schloss Fuschl in Salzburg nach unserem gemeinsamen Auftritt

Alter Freund Peter Rapp - TV Moderator

Ihn hab ich noch am Schlagzeug begleitet

Mein Bilderbuch

Ö3 Disc Jockey
Evamaria Kaiser

Dreharbeiten TV-Serie „Die Leute von
St. Benedict". Toni Sailer und
Franz Friedrich (Schauspielhaus Graz)

Mein Bilderbuch

Freund Patrik Nielsen – „Tom Dooley"
und „Es gibt Millionen von Sternen"

Mit dem Hias und meinen Münchner Kollegen auf dem Opernball

Mein Bilderbuch

Charly Kahr als Akkordeonist

Slalomkönig Afred Matt

Mein Bilderbuch

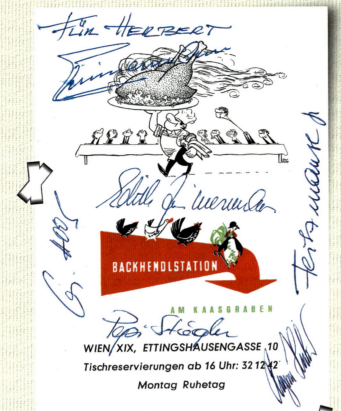

Die Olympioniken:

Christl Haas,
Edith Zimmermann,
Pepi Stiegler,
Regine Heitzer,
W. Feistmantl

Franz Klammer wartet auf einen Witz

Mein Bilderbuch

Werner Grissmann im Futtertrögl

Ernst Winkler, Br. Depine, Franz Klammer und Hansi Hinterseer
gratulieren mir zum Geburtstag

Mein Bilderbuch

Mein Freund und „Alt-Rapidler" Toni Fritsch

Mein Bilderbuch

Freunde aus Belgien – Welthit: Eso Es El Amor (Wien-Splendid)

Mein Bilderbuch

TANZORCHESTER HUGO STRASSER

Gemeinsam: 9.2.1971 - Kongresshaus Salzburg

„SCHMÄH TOTAL"

OSTERWALDS-SPITZBUBEN und die 3 Lauser

Curd Prina, Helmuth Reinberger, Peter Meller, Bob Glover, Herbert Granditz,
John Ward, Toni Strobl und Peter Peters

Mein Bilderbuch

Deutschland's Show-Band Nr. 1. Ambros Seelos –
Vierter von links – schrieb die Melodie zu Meiner Platte „I wünsch Dir was".

Viel gelacht und getrunken habe ich mit
meinen Freunden, dem Osterwald Sextett – Schweiz

Mein Bilderbuch

Aus meinem Briefkasten

Senatsrat i. R.
Dipl.-Ing. Dr. h. c. Gustav Scherbaum

8010 Graz, Graz, 14. I. 1975
Wilhelm-Kienzl-Gasse 25

Meine sehr geschätzten 3 Lauser!

Über Ihre Einladung zur Galapremiere des neuen Programms der „3 Lauser" habe ich mich aufrichtig gefreut und mir vorgenommen am 15. Jänner dabei zu sein. Leider ist plötzlich etwas dazwischen gekommen und ich muß mich entschuldigen, der Einladung nicht Folge leisten zu können. Ich werde aber bestimmt an einem der folgenden Tage das „Futtertrögl" besuchen und freue mich schon jetzt auf den schönen Abend.

Für die Premiere wünsche ich einen vollen Erfolg und allen Besuchern viel Spaß.

Mit freundlichen Grüßen
Ihr Gustav Scherbaum

Aus meinem Briefkasten

Landeshauptmann
Dr. Josef Krainer

Graz, 1. 10. 1997

Lieber Freund!

Hab' Dank für Deine herzhafte Einladung zum 40iger. Du feierst also ein Doppel-Jubiläum, denn Du bist ja auf der Bühne geboren worden ......! Toi, Toi, Toi. –

Es tut mir sehr leid, daß ich Deiner großzügigen Einladung nicht nachkommen kann, weil ich an diesem Sonntag schon „vergeben" bin und zw. den ganzen Tag.

Laß' Dir aber an diesem Tag meine ehrliche Bewunderung kundtun für Dein Vollblut-Komödiantentum, Deine urkomische Begabung (einfach irisch!!) und vor allem auch für Deine ungebrochene Begeisterung in all den Jahren, die sicherlich nicht immer lustig waren: Der „Styrifizierte Josef h.c." lebe hoch und bleibe uns noch lange gesund und fröhlich erhalten!

Herzlich – Dein J. Krainer

Aus meinem Briefkasten

Michael Schmid Arch. Dipl.-Ing. • Landesrat

Herrn
Herbert Granditz
Heinrichstraße 21
8010 Graz

Graz, am 02.02.99

Lieber Herbert!

Vielen Dank für die Übermittlung des so herzhaften Landhaus-Keller-Kalenders. Persönlich würde es mich freuen, könntest Du mir einen Terminplan über Deine nächsten Aufführungen übermitteln, zumal ich Dir schon längst einen Besuch zugesagt habe.

Auf bald!

*Mit schledten
Grüßen
Dein Michael*

Aus meinem Briefkasten

Bürgermeister
der Landeshauptstadt Graz
Alfred Stingl

8011 Graz-Rathaus 22.11.2001
GZ.: Einl - ST/Ph
Tel.: 872/2003
**Bitte bei Antwortschreiben
obige GZ anführen**

Lieber Herbert!

Herzlichen Dank für die freundliche Einladung zu deinem großen „30 Jahre Lauser-Fest".

Leider habe ich am 24. November 2001 zwei andere Abendveranstaltungen, sodass ich dir auf diesem Wege nicht nur einen unvergesslichen Jubiläumsabend wünsche, sondern ich darf dir einen Dank der Stadt Graz für dein Wirken in unserer Stadt übermitteln.

Dass du als Wiener bereits zu einer Grazer Institution geworden bist, weist auf deine besondere Beliebtheit und Originalität hin. In diesem Sinne alle guten Wünsche und

herzliche Grüße

[Unterschrift]

Herrn
Herbert Granditz
p.A. Landhauskeller

Schmiedgasse 9
8010 Graz

Adresse: A-8011 Graz-Rathaus • Fax: 872 / 2019 • E-mail: buergermeister.stingl@stadt.graz.at

Aus meinem Briefkasten

Dr. Erwin Pröll
Landeshauptmann

Herrn
Prof. Herbert Granditz
Heinrichstraße 21
8010 Graz

St. Pölten, im Dezember 2006

Sehr geehrter Herr Professor!

Es bedarf schon einer besonderen Aufmerksamkeit, im allgemeinen Trubel der Vorweihnachtszeit auch noch an jemandes Geburtstag zu denken.

Umso mehr habe ich mich über die guten Wünsche anlässlich meines „Runden" gefreut und sie auch als eine große persönliche Ehre empfunden.

Ich möchte mich auf diesem Weg herzlichst bedanken und auch meinerseits alles Gute, viel Glück, Erfolg – vor allem aber Gesundheit und Wohlergehen im neuen Jahr wünschen.

Gehen wir auch weiterhin gemeinsam den Weg in die Zukunft – dann braucht uns um das Wohl der „Familie NÖ" nicht Bange sein.

Mit freundlichen Grüßen

Erwin Pröll

Danke!!

3109 St. Pölten Landhausplatz 1 Haus 1a Telefon +43 (0) 2742 9005 DW 12182 Fax +43 (0) 2742 9005 DW 13030
buero.proell@noel.gv.at Internet www.noel.gv.at DVR 0059986

Aus meinem Briefkasten

Waltraud Klasnic

Dezember 2006

Lieber Professor Freunditsch!

Die Uhr, die Kalender, die Zeilen ich habe mich riesig gefreut.

Es ist etwas besonderes wenn man ein eigenes Zeitwerk bei den Menschen weiß, gestaltet für die Augen – verbunden mit dem Künstler der Freude, Lachen, Nachdenken und vor allem auch viel Humor vermitteln kann.

„Danke" Sie haben an mich gedacht, ich erinnere mich oft wenn ich mein besonderes Hinterglas-Bild betrachte.

Viel Freude und auch gutes Gelingen bei Ihren Aufgaben, verbunden mit einem herzlichen Gruß auch an Ihre Familie – alle guten Wünsche für 2007.
Mit herzlichem Gruß
Waltraud Klasnic

Aus meinem Briefkasten

DIPL.-ING.
DDr. Alexander Götz
BÜRGERMEISTER
DER LANDESHAUPTSTADT GRAZ

8010 Graz, Rathaus   12. Dez. 1975

Herrn
Herbert Granditz

p.Adr. "Futtertrögl"
Keesgasse 3
8olo G r a z
=============

Sehr geehrter Herr Granditz !

Auf diese Weise möchte ich mich bei Ihnen recht herzlich für das Buch "Steirischer G'spaß" bedanken, das ich mir zu den Weihnachtsfeiertagen zu Gemüte führen werde.

Ich wünsche Ihnen ein frohes Weihnachtsfest und alles Gute für 1976!

Ihr

PS: die 2 „Götz-Witz" habe ich Ihnen entdeckt!

Meine Veröffentlichungen

Meine Veröffentlichungen

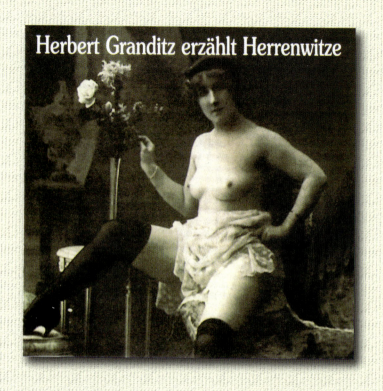

Meine Veröffentlichungen

Meine Veröffentlichungen

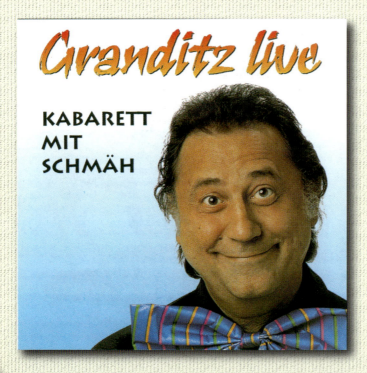

Meine Veröffentlichungen

Meine Veröffentlichungen

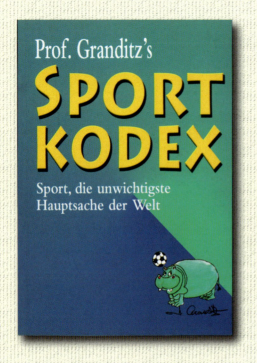
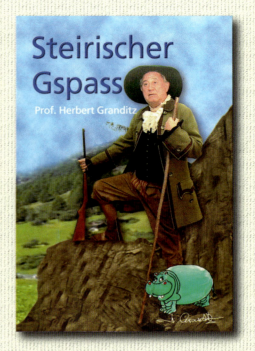

Meine Veröffentlichungen

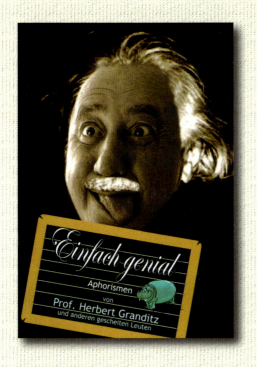
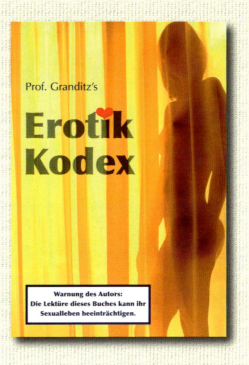
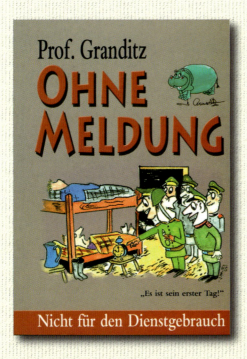

Mamy Blue
(Der Zwetschkenbaum)

Oh Mamy. oh Mamy, Mamy blue, oh Mamy blue
Mir is schlecht.......
Oh Mamy...
Gottt is mir schlecht – heut bin i schön eingspritzt
Die allergrößte Lebenskraft - oh Mamy
Gibt doppeltbrennter Zwetschkensaft – oh Mamy
Der regt die Lebensgeister an,
Geh wui, das ist ein Hochgenuss.
Doch manche machen in der Tat,
Aus Zwetschken nur a Mamalad,
Die solln sie ihre Zähnd ruiniern,
Jawoi, wer braucht des süasse Mus.
Oh Mamy, Mamy i tami du, oh Mamy blue.
Oh Mamy, schau i tami,
Oh Mamy setz mi auf's Schami du, oh Mamy blue.
Oh Mamy halt ma's Schami,
Oh Mamy, wach oder taram i du, oh Mamy blue
Du hast a Zwetschkennasen – a Burenwürschtl im Gsicht

Mein allerschönster Lebenstraum,
Das wär ein eigner Zwetschkenbaum,
Den tät i pflegen Tag und Nacht,
Jawoi – den tät i täglich giassen.
Der müassat zwamol jährlich blüahn,
Und Zwetschken hab'n so groß wia Birn,
Und kräulert ma a Wurm hinauf –
Nau wui, der müassert's büassn.

Oh Mamy, Mamy i drah mi hu, oh Mamy blue,
Geh, halt mi Mamy Mamy,
Oh Mamy, glei kipp i Mamy du, aus meine Schuh –
Mach auf die Bandln Mamy.

I sag immer, der beste Witz is der Schligowitz,
Schligerl is des Beste, 96% mei Liaba, so viel haben's net amol
Beim letzten Volksbegehren z'sammbracht.
Heut is der Tag der Fahne – hick – hick-
Mir scheint-----die Zwetschken war'n noch nicht entkernt.
Oh Mamy blue